마법
술술한자

지은이 **박두수**

- 한학자 집안에서 태어나 어려서부터 부친께 한문을 배우기 시작하여 가업을 잇는다는 정신으로 대학에서 한문을 전공하였습니다.

- 한자 때문에 힘들어서 울고 있는 어린 여학생을 보고, 저자도 어린 시절 부친께 한문을 배우면서 괴롭고 힘들었던 기억이 생각나 어떻게 하면 어려운 한자를 쉽게 가르칠 수 있을까 연구하였습니다.

- 오랜 시간 한자를 연구하여 새로운 뜻과 새로운 모양의 부수를 완성한 후 한자의 자원을 쉽게 풀이하고, 부수를 통해서 한자를 중국어 간화자로 변환시킬 수 있는 중국어 학습법을 개발하여 뜨거운 호응을 얻고 있습니다.

- 저자가 연구하여 완성한 새로운 뜻과 새로운 모양의 부수를 통해서 쉽게 배우는 한자와 중국어 간화자 학습법을 알리기 위하여 일간신문에 '박두수의 술술한자'를 연재하고 있습니다.

- 저서로는 새로운 뜻과 새로운 모양의 부수를 제시하여 전국 판매량 1위를 기록한 한자능력검정시험 수험서 《마법 술술한자》(전9권), 초등학교 교과서를 분석하여 초등학생의 눈높이에 맞는 한자 공부법을 제시한 《초등 학습 한자》(전6권), 한국어문회에서 실시하는 《한자능시 기출·적중 문제집 3급》, 대한상공회의소에서 실시하는 《상공회의소 한자시험 중급》 등이 있습니다.

이메일 : dshanja@naver.com
휴대폰 : 010-5052-5321

한국어문회 주관 | 한국한자능력검정회 시행

한자능력 검정시험 4Ⅱ

마법 술술한자

박두수 지음

술술한자 시리즈 꿈을 6

마법 술술한자 **부수**를 알면 한자가 쉽다!

중앙에듀북스

안녕하세요? 박두수입니다.

❗ 한자 학습 왜 해야 될까요?

  – 한자는 세계 인구의 26%가 사용하는 동양권의 대표문자입니다.
  – 우리말의 70% 이상을 차지하고 있는 것이 한자어입니다.

❗ 한자를 잘하면 왜 공부를 잘하게 될까요?

  – 한자는 풍부한 언어 문자 생활과 다른 과목의 학습을 도와주는 역할을 합니다.
  – 중학교 1학년 기본 10개 교과목에 2,122자의 한자로 약 14만 번의 한자어가 출현합니다.
  – 한자표기를 통한 학습에서 43%가 학업성적이 향상되었습니다.

❗ 쓰기 및 암기 위주의 한자 학습 이제 바뀌어야 합니다.

  – 한자는 뜻을 나타내는 표의자로 각 글자마다 만들어진 원리가 있습니다.
  – 한자는 만들어진 원리를 생각하며 학습하면 쉽게 익힐 수 있습니다.

❗ 올바른 한자 학습을 위해서는 부수를 제대로 알아야 합니다.

  – 부수는 한자를 이루는 최소 단위입니다.

  ❶ 日(해) + 一(지평선) = 旦(아침 단) 　　해가 **지평선** 위로 떠오를 때는 아침이니
  ❷ 囗(울타리) + 人(사람) = 囚(가둘 수) 　　**울타리** 안에 죄지은 **사람**을 가두니
  ❸ 自(코) + 犬(개) = 臭(냄새 취) 　　**코**로 **개**처럼 냄새 맡으니

  – 올바른 한자 학습을 위해서는 一(지평선), 囗(울타리), 自(코)를 뜻하는 것을 알아야 되겠지요?

❶ 술술한자의 특색 및 구성

 - 한자를 연구하여 새로운 뜻과 새로운 모양의 술술한자 부수를 완성하였습니다.
 - 누구나 볼 수 있도록 초등학생 수준에 맞추어 풀이를 쉽게 하였습니다.
 - 한자를 나누고 자원을 생각하며 공부할 수 있도록 구성하였습니다.
 - 지속적인 반복과 실력을 확인할 수 있도록 다양한 평가를 구성하였습니다.

"선생님! 해도 해도 안 돼요. 한자가 너무 어려워요."

 이렇게 말하면서 울먹이던 어린 여학생의 안타까운 눈망울을 보며 '어떻게 하면 한자를 쉽게 익힐 수 있을까' 오랜 시간 기도하며 연구하였습니다.

 누구나 한자와 보다 쉽게 친해지게 하려는 열정만으로 쓴 책이라 부족함이 많습니다.

 한자의 자원을 정확히 알기는 어렵습니다. 아직 4% 정도만 자원을 제대로 유추할 수 있다고 합니다. 다양한 또 다른 자원이 가능하다는 뜻입니다.

 부디 술술한자가 한자와 친해지는 계기가 되고 여러분께 많은 도움이 되기를 진심으로 기도합니다.

 오랫동안 한자를 지도해 주시거나 주야로 기도해 주신 분들과 술술한자가 출간될 수 있도록 도움을 주신 모든 분들께 진심으로 사랑과 감사의 말씀드립니다.

박두수 올림

한자 쉽게 익히는 법

❗ **한자는 무조건 쓰고 외우지 마세요.**

1. 한자는 뜻을 나타내는 표의자입니다. 각 글자마다 형성된 원리가 있습니다.

> 예
> 鳴(울 명) : 입(口)으로 새(鳥)는 울까요? 짖을까요? 울지요! 그래서 울 명
> 吠(짖을 폐) : 입(口)으로 개(犬)는 울까요? 짖을까요? 짖지요! 그래서 짖을 폐

2. 한자는 모양이 비슷한 글자가 너무나 많아 무조건 쓰고 외우는 데는 한계가 있습니다.

> 예
> 閣(집 각) 間(사이 간) 開(열 개) 聞(들을 문) 問(물을 문) 閉(닫을 폐) 閑(한가할 한)

❗ **그럼 어떻게 공부해야 한자를 쉽게 익힐 수 있을까요?**

1. 먼저 한자를 나누어 왜 이런 글자들이 모여서 이런 뜻을 나타내게 되었는지 생각해 보세요.

> 예
> 休(쉴 휴) = 亻(사람 인) + 木(나무 목)
> 왜? 亻(사람)과 木(나무)가 모여서 休(쉴 휴)가 되었을까요?
> **사람**(亻)이 햇빛을 피해 **나무**(木) 밑에서 **쉬었겠지요?** 그래서 쉴 휴

2. 한자를 익힌 다음은 그 글자가 쓰인 단어와 뜻까지 익히세요.

> 예
> 休日(휴일) : 쉬는 날
> 休學(휴학) : 일정기간 학업을 쉼

3. 그 다음 단어가 쓰인 예문을 통해서 한자어를 익히세요.

> 예
> 그는 休日 아침마다 늦잠을 잔다.
> 형은 가정 형편이 어려워 休學 중이다.

4. 비슷한 글자끼리 연관 지어 익히세요.

> 예
>
> | 門 | + | 日 | = | 間(사이 간) | 문(門)틈 사이로 해(日)가 비치니 |
> |---|---|---|---|---|---|
> | | + | 耳 | = | 聞(들을 문) | 문(門)에 귀(耳)를 대고 들으니 |
> | | + | 口 | = | 問(물을 문) | 문(門)에 대고 입(口) 벌려 물으니 |

그래서 이렇게 만들었어요

❶ 모든 한자를 가능한 한 자원으로 풀이했습니다.

> 예 生(날 생, 살 생) 풀이

- '초목이 땅에 나서 자라는 모양' 이라고 합니다. 하지만 *술술한자*는
- '사람(ㅗ)은 땅(土)에서 나 살아가니' 그래서 날 생, 살 생 이렇게 자원으로 풀이했습니다.

❶ 자원 풀이를 쉽게 했습니다.

- 자원 풀이 한자교재가 많지만 너무 학술적이어서 이해하기가 어렵습니다.
- *술술한자*는 초등학생 수준에 맞추어 풀이를 쉽게 하였습니다.

> 예 族(겨레 족) 풀이

- '깃발(𣄼) 아래 화살(矢)을 들고 모여 겨레를 이루니' 라고 합니다. 하지만 *술술한자*는
- '사방(方)에서 사람(ㅗ)과 사람(ㅗ)들이 모여 큰(大) 겨레를 이루니' 이렇게 쉽게 풀이했습니다.

❶ 모든 한자를 쓰는 순서대로 자원을 풀이했습니다.

- 쓰는 순서를 무시한 자원 풀이는 활용하기가 어렵습니다.

> 예 囚(가둘 수) = 울타리(口) 안에 죄지은 사람(人)을 가두니

❶ 자원 풀이와 한자 쓰기가 한곳에 있어 학습에 많은 도움이 됩니다.

- 자원 풀이 밑에 곧바로 쓰는 빈칸이 있어 자원을 보고 한자를 쓰면서 익힐 수 있습니다.

❶ 철저히 자원 풀이에 입각한 학습을 하도록 구성하였습니다.

- *술술한자*는 자원을 보며 한자를 쓸 수 있도록 본문을 구성했으며, 연습과 평가 부분도 자원을 생각하며 한자를 익힐 수 있도록 구성하였습니다.

❶ 배운 한자를 활용한 단어학습과 예문으로 어휘력을 길러줍니다.

- 배운 글자로만 단어를 구성하여 학습하기가 쉽습니다.
- 모든 단어는 한자를 활용하여 직역 위주로 풀이하였습니다.
- 예문을 통하여 단어를 익힐 수 있도록 모든 단어는 예문을 실었습니다.

❶ 학교 교과서에 자주 나오는 한자어를 분석하여 실었습니다.

- 교과서에 자주 나오는 한자어의 뜻을 한자를 통해 쉽게 익힐 수 있습니다.

이 책은 이렇게 학습하세요

❗ 해당 급수 신습한자를 50자씩 가나다순으로 배열하여 한눈에 익히도록 하였습니다.

- 본문 학습 후 먼저 뜻과 음 부분을 가린 후 읽기를 점검하세요.
- 한자의 뜻과 음을 익히고 나면 한자와 부수 부분을 가린 후 쓰기를 점검하세요.

❶8 신습한자

> 읽기? 뜻, 음을 가리고 읽어본 후 틀린 글자는 V표 하세요.
> 쓰기? 한자와 부수를 가리고 써본 후 틀린 글자는 V표 하세요.

읽기		한자	부수	뜻	음	쓰기	
❷1	2	❸教	❹攵	❺가르칠	❻교	1	2
		校	木	학교	교		

읽기		한자	부수	뜻	음	쓰기	
1	2	先	儿	먼저	선	1	2
		小	小	작을	소		

❶ 8 : 한자능력검정시험 급수 표시

❷ 1 2 : 첫 번째 점검 후 틀린 글자는 번호 1 란에 표시를 하고, 두 번째 점검 후 틀린 글자는 번호 2 란에 표시를 하여 완전히 익히도록 합니다.

❸教 : 신습한자   ❹攵 : 부수   ❺가르칠 : 뜻   ❻교 : 음

❗ 1회 학습량은 10자 단위로 구성하였습니다.

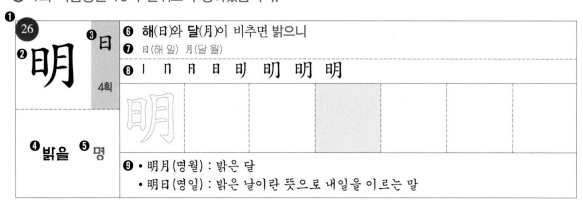

❶26	❷明	❸日 4획 ❹밝을 ❺명	❻ 해(日)와 달(月)이 비추면 밝으니 ❼ 日(해 일) 月(달 월) ❽ ㅣ 冂 日 日 明 明 明 明 明 ❾ • 明月(명월) : 밝은 달 • 明日(명일) : 밝은 날이란 뜻으로 내일을 이르는 말

❶ 26 : 신습한자 번호

❷ 明 : 신습한자

❸ 日 4획 : 부수와 부수를 제외한 획수

❹ 밝을 : 뜻

❺ 명 : 음

❻ 해(日)와 달(月)이 비추면 밝으니 : 글자를 나누어 쓰는 순서대로 풀이했습니다.

➔ 한자는 무조건 쓰고 외우기보다는 日(해 일)과 月(달 월)이 모여 왜 明(밝을 명)이 되었는지 자원을 이해한 후 읽으면서 써야 오래 기억됩니다.

❼ 日(해 일) 月(달 월) : 부수 설명 및 보충

❽ l Π A 日 日 明 明 明 : 필순

❾ 明日(명일) : 배운 글자로만 단어를 구성하였으며 직역 위주로 풀이를 하였습니다.

❗ 자원으로 한자와 부수를 익히는 부분입니다.

┌─── 자원으로 한자 알기 ──────────────────────────────
│
│ * 해( )와 달(月)이 비추면 밝으니   ☞
│
│ * 문(門)에 귀( )를 대고 들으니   ☞
│
│ * 문(門)에 대고 입( ) 벌려 물으니   ☞
│
│ * 사람( )이 나무(木)에 기대어 쉬니   ☞
│
└──

( ) 안에 들어가는 日(해 일)이 明(밝을 명)의 부수입니다.

( ) 안에 부수 日을 쓰고 ☞ 오른쪽에 한자 明을 쓰세요.

┌──┐
│ 예 해(日)와 달(月)이 비추면 밝으니   ☞ 明   │
└──┘

❗ 심화 학습하는 부분입니다.

┌─────────────┐
│ 一思多得   │
└─────────────┘

❶ 教(가르칠 교) 校(학교 교) 쓰임에 주의하세요.

　　教(가르칠 교) : 教師(교사)　　教室(교실)　　教訓(교훈)

　　校(학교 교) : 校歌(교가)　　校門(교문)　　校長(교장)

❗ 문제와 해답

　　다양한 형식의 문제들에 대한 해답은 해당 문제의 앞뒤 페이지나 위아래에 위치한 반대 유형의 문제
를 참고하시면 됩니다.

차례

본문 익히기

8 신습한자

읽기? 뜻, 음을 가리고 읽어본 후 틀린 글자는 V표 하세요.
쓰기? 한자와 부수를 가리고 써본 후 틀린 글자는 V표 하세요.

읽기 1	읽기 2	한자	부수	뜻	음	쓰기 1	쓰기 2
		教	攵	가르칠	교		
		校	木	학교	교		
		九	乙	이홉	구		
		國	口	나라	국		
		軍	車	군사	군		
		金	金	쇠	금		
		南	十	남녘	남		
		女	女	계집	녀		
		年	干	해	년		
		大	大	큰	대		
		東	木	동녘	동		
		六	八	여섯	륙		
		萬	艹	일만	만		
		母	毋	어미	모		
		木	木	나무	목		
		門	門	문	문		
		民	氏	백성	민		
		白	白	흰	백		
		父	父	아비	부		
		北	匕	북녘	북		
		四	口	넉	사		
		山	山	산	산		
		三	一	석	삼		
		生	生	날	생		
		西	西	서녘	서		

읽기 1	읽기 2	한자	부수	뜻	음	쓰기 1	쓰기 2
		先	儿	먼저	선		
		小	小	작을	소		
		水	水	물	수		
		室	宀	집	실		
		十	十	열	십		
		五	二	다섯	오		
		王	玉	임금	왕		
		外	夕	바깥	외		
		月	月	달	월		
		二	二	둘	이		
		人	人	사람	인		
		一	一	한	일		
		日	日	날	일		
		長	長	길	장		
		弟	弓	아우	제		
		中	丨	가운데	중		
		青	青	푸를	청		
		寸	寸	마디	촌		
		七	一	일곱	칠		
		土	土	흙	토		
		八	八	여덟	팔		
		學	子	배울	학		
		韓	韋	나라	한		
		兄	儿	형	형		
		火	火	불	화		

읽기? 뜻, 음을 가리고 읽어본 후 틀린 글자는 V표 하세요.
쓰기? 한자와 부수를 가리고 써본 후 틀린 글자는 V표 하세요.

읽기 1	2	한자	부수	뜻	음	쓰기 1	2
		家	宀	집	가		
		間	門	사이	간		
		江	氵	강	강		
		車	車	수레	거		
		工	工	장인	공		
		空	穴	빌	공		
		氣	气	기운	기		
		記	言	기록할	기		
		男	田	사내	남		
		內	入	안	내		
		農	辰	농사	농		
		答	竹	대답할	답		
		道	辶	길	도		
		動	力	움직일	동		
		力	力	힘	력		
		立	立	설	립		
		每	母	매양	매		
		名	口	이름	명		
		物	牛	물건	물		
		方	方	모	방		
		不	一	아닐	불		
		事	亅	일	사		
		上	一	윗	상		
		姓	女	성	성		
		世	一	세대	세		

읽기 1	2	한자	부수	뜻	음	쓰기 1	2
		手	手	손	수		
		市	巾	시장	시		
		時	日	때	시		
		食	食	밥	식		
		安	宀	편안할	안		
		午	十	낮	오		
		右	口	오른쪽	우		
		子	子	아들	자		
		自	自	스스로	자		
		場	土	마당	장		
		全	入	온전할	전		
		前	刂	앞	전		
		電	雨	번개	전		
		正	止	바를	정		
		足	足	발	족		
		左	工	왼쪽	좌		
		直	目	곧을	직		
		平	干	평평할	평		
		下	一	아래	하		
		漢	氵	한나라	한		
		海	氵	바다	해		
		話	言	말씀	화		
		活	氵	살	활		
		孝	子	효도	효		
		後	彳	뒤	후		

7 선습한자

읽기? 뜻, 음을 가리고 읽어본 후 틀린 글자는 V표 하세요.
쓰기? 한자와 부수를 가리고 써본 후 틀린 글자는 V표 하세요.

읽기 1	읽기 2	한자	부수	뜻	음	쓰기 1	쓰기 2
		歌	欠	노래	가		
		口	口	입	구		
		旗	方	기	기		
		冬	冫	겨울	동		
		同	口	같을	동		
		洞	氵	마을	동		
		登	癶	오를	등		
		來	人	올	래		
		老	老	늙을	로		
		里	里	마을	리		
		林	木	수풀	림		
		面	面	얼굴	면		
		命	口	명령할	명		
		問	口	물을	문		
		文	文	글월	문		
		百	白	일백	백		
		夫	大	사내	부		
		算	竹	셈	산		
		色	色	빛	색		
		夕	夕	저녁	석		
		少	小	적을	소		
		所	戶	곳	소		
		數	攵	셈	수		
		植	木	심을	식		
		心	心	마음	심		

읽기 1	읽기 2	한자	부수	뜻	음	쓰기 1	쓰기 2
		語	言	말씀	어		
		然	灬	그럴	연		
		有	月	있을	유		
		育	月	기를	육		
		邑	邑	고을	읍		
		入	入	들	입		
		字	子	글자	자		
		祖	示	할아비	조		
		主	、	주인	주		
		住	亻	살	주		
		重	里	무거울	중		
		地	土	땅	지		
		紙	糸	종이	지		
		千	十	일천	천		
		天	大	하늘	천		
		川	川	내	천		
		草	艹	풀	초		
		村	木	마을	촌		
		秋	禾	가을	추		
		春	日	봄	춘		
		出	凵	날	출		
		便	亻	편할	편		
		夏	夂	여름	하		
		花	艹	꽃	화		
		休	亻	쉴	휴		

읽기? 뜻, 음을 가리고 읽어본 후 틀린 글자는 V표 하세요.
쓰기? 한자와 부수를 가리고 써본 후 틀린 글자는 V표 하세요.

읽기 1	읽기 2	한자	부수	뜻	음	쓰기 1	쓰기 2
		各	口	각각	각		
		角	角	뿔	각		
		界	田	경계	계		
		計	言	셀	계		
		高	高	높을	고		
		公	八	공평할	공		
		共	八	함께	공		
		功	力	공	공		
		果	木	열매	과		
		科	禾	과목	과		
		光	儿	빛	광		
		球	玉	공	구		
		今	人	이제	금		
		急	心	급할	급		
		短	矢	짧을	단		
		堂	土	집	당		
		代	亻	대신할	대		
		對	寸	대할	대		
		圖	口	그림	도		
		讀	言	읽을	독		
		童	立	아이	동		
		等	竹	무리	등		
		樂	木	즐길	락		
		利	刂	이로울	리		
		理	玉	다스릴	리		

읽기 1	읽기 2	한자	부수	뜻	음	쓰기 1	쓰기 2
		明	日	밝을	명		
		聞	耳	들을	문		
		半	十	반	반		
		反	又	돌이킬	반		
		班	玉	나눌	반		
		發	癶	쏠	발		
		放	攵	놓을	방		
		部	阝	나눌	부		
		分	刀	나눌	분		
		社	示	모일	사		
		書	日	글	서		
		線	糸	줄	선		
		雪	雨	눈	설		
		成	戈	이룰	성		
		省	目	살필	성		
		消	氵	사라질	소		
		術	行	재주	술		
		始	女	비로소	시		
		信	亻	믿을	신		
		新	斤	새	신		
		神	示	귀신	신		
		身	身	몸	신		
		弱	弓	약할	약		
		藥	艹	약	약		
		業	木	일	업		

15

6Ⅱ-2 선습한자

읽기		한자	부수	뜻	음	쓰기	
1	2					1	2
		勇	力	날랠	용		
		用	用	쓸	용		
		運	辶	옮길	운		
		音	音	소리	음		
		飮	食	마실	음		
		意	心	뜻	의		
		作	亻	지을	작		
		昨	日	어제	작		
		才	扌	재주	재		
		戰	戈	싸움	전		
		庭	广	뜰	정		
		第	竹	차례	제		
		題	頁	문제	제		

읽기		한자	부수	뜻	음	쓰기	
1	2					1	2
		注	氵	부을	주		
		集	隹	모일	집		
		窓	穴	창	창		
		淸	氵	맑을	청		
		體	骨	몸	체		
		表	衣	겉	표		
		風	風	바람	풍		
		幸	干	다행	행		
		現	玉	나타날	현		
		形	彡	모양	형		
		和	口	화할	화		
		會	曰	모일	회		

읽기? 뜻, 음을 가리고 읽어본 후 틀린 글자는 V표 하세요.
쓰기? 한자와 부수를 가리고 써본 후 틀린 글자는 V표 하세요.

읽기 1	읽기 2	한자	부수	뜻	음	쓰기 1	쓰기 2
		感	心	느낄	감		
		強	弓	강할	강		
		開	門	열	개		
		京	亠	서울	경		
		古	口	예	고		
		苦	艹	쓸	고		
		交	亠	사귈	교		
		區	匸	구분할	구		
		郡	阝	고을	군		
		根	木	뿌리	근		
		近	辶	가까울	근		
		級	糸	등급	급		
		多	夕	많을	다		
		待	彳	기다릴	대		
		度	广	법도	도		
		頭	頁	머리	두		
		例	亻	법식	례		
		禮	示	예도	례		
		路	足	길	로		
		綠	糸	푸를	록		
		李	木	오얏	리		
		目	目	눈	목		
		美	羊	아름다울	미		
		米	米	쌀	미		
		朴	木	성	박		

읽기 1	읽기 2	한자	부수	뜻	음	쓰기 1	쓰기 2
		番	田	차례	번		
		別	刂	나눌	별		
		病	疒	병	병		
		服	月	옷	복		
		本	木	근본	본		
		使	亻	하여금	사		
		死	歹	죽을	사		
		席	巾	자리	석		
		石	石	돌	석		
		速	辶	빠를	속		
		孫	子	손자	손		
		樹	木	나무	수		
		習	羽	익힐	습		
		勝	力	이길	승		
		式	弋	법	식		
		失	大	잃을	실		
		愛	心	사랑	애		
		夜	夕	밤	야		
		野	里	들	야		
		洋	氵	큰 바다	양		
		陽	阝	볕	양		
		言	言	말씀	언		
		永	水	길	영		
		英	艹	꽃부리	영		
		溫	氵	따뜻할	온		

읽기? 뜻, 음을 가리고 읽어본 후 틀린 글자는 V표 하세요.
쓰기? 한자와 부수를 가리고 써본 후 틀린 글자는 V표 하세요.

읽기 1	2	한자	부수	뜻	음	쓰기 1	2
		園	口	동산	원		
		遠	辶	멀	원		
		由	田	말미암을	유		
		油	氵	기름	유		
		銀	金	은	은		
		衣	衣	옷	의		
		醫	酉	의원	의		
		者	耂	사람	자		
		章	立	글	장		
		在	土	있을	재		
		定	宀	정할	정		
		朝	月	아침	조		
		族	方	겨레	족		

읽기 1	2	한자	부수	뜻	음	쓰기 1	2
		晝	日	낮	주		
		親	見	친할	친		
		太	大	클	태		
		通	辶	통할	통		
		特	牛	특별할	특		
		合	口	합할	합		
		行	行	다닐	행		
		向	口	향할	향		
		號	虍	이름	호		
		畫	田	그림	화		
		黃	黃	누를	황		
		訓	言	가르칠	훈		

읽기? 뜻, 음을 가리고 읽어본 후 틀린 글자는 V표 하세요.
쓰기? 한자와 부수를 가리고 써본 후 틀린 글자는 V표 하세요.

읽기 1	2	한자	부수	뜻	음	쓰기 1	2
		價	亻	값	가		
		客	宀	손	객		
		格	木	격식	격		
		見	見	볼	견		
		決	氵	결단할	결		
		結	糸	맺을	결		
		敬	攵	공경	경		
		告	口	고할	고		
		課	言	공부할	과		
		過	辶	지날	과		
		觀	見	볼	관		
		關	門	관계할	관		
		廣	广	넓을	광		
		具	八	갖출	구		
		舊	臼	예	구		
		局	尸	판	국		
		基	土	터	기		
		己	己	몸	기		
		念	心	생각	념		
		能	月	능할	능		
		團	囗	둥글	단		
		當	田	마땅	당		
		德	彳	덕	덕		
		到	刂	이를	도		
		獨	犭	홀로	독		

읽기 1	2	한자	부수	뜻	음	쓰기 1	2
		朗	月	밝을	랑		
		良	艮	어질	량		
		旅	方	나그네	려		
		歷	止	지날	력		
		練	糸	익힐	련		
		勞	力	일할	로		
		流	氵	흐를	류		
		類	頁	무리	류		
		陸	阝	뭍	륙		
		望	月	바랄	망		
		法	氵	법	법		
		變	言	변할	변		
		兵	八	병사	병		
		福	示	복	복		
		奉	大	받들	봉		
		士	士	선비	사		
		仕	亻	섬길	사		
		史	口	역사	사		
		産	生	낳을	산		
		商	口	장사	상		
		相	目	서로	상		
		仙	亻	신선	선		
		鮮	魚	고울	선		
		說	言	말씀	설		
		性	忄	성품	성		

읽기? 뜻, 음을 가리고 읽어본 후 틀린 글자는 V표 하세요.
쓰기? 한자와 부수를 가리고 써본 후 틀린 글자는 V표 하세요.

읽기 1	읽기 2	한자	부수	뜻	음	쓰기 1	쓰기 2
		歲	止	해	세		
		洗	氵	씻을	세		
		束	木	묶을	속		
		首	首	머리	수		
		宿	宀	잘	숙		
		順	頁	순할	순		
		識	言	알	식		
		臣	臣	신하	신		
		實	宀	열매	실		
		兒	儿	아이	아		
		惡	心	악할	악		
		約	糸	맺을	약		
		養	食	기를	양		
		要	襾	중요할	요		
		友	又	벗	우		
		雨	雨	비	우		
		雲	雨	구름	운		
		元	儿	으뜸	원		
		偉	亻	클	위		
		以	人	써	이		
		任	亻	맡길	임		
		材	木	재목	재		
		財	貝	재물	재		
		的	白	과녁	적		
		傳	亻	전할	전		

읽기 1	읽기 2	한자	부수	뜻	음	쓰기 1	쓰기 2
		典	八	법	전		
		展	尸	펼	전		
		切	刀	끊을	절		
		節	竹	마디	절		
		店	广	가게	점		
		情	忄	뜻	정		
		調	言	고를	조		
		卒	十	마칠	졸		
		種	禾	씨	종		
		州	川	고을	주		
		週	辶	주일	주		
		知	矢	알	지		
		質	貝	바탕	질		
		着	目	붙을	착		
		參	厶	참여할	참		
		責	貝	꾸짖을	책		
		充	儿	채울	충		
		宅	宀	집	택		
		品	口	물건	품		
		必	心	반드시	필		
		筆	竹	붓	필		
		害	宀	해할	해		
		化	匕	변화할	화		
		效	攵	본받을	효		
		凶	凵	흉할	흉		

5-1 신습한자

읽기? 뜻, 음을 가리고 읽어본 후 틀린 글자는 V표 하세요.
쓰기? 한자와 부수를 가리고 써본 후 틀린 글자는 V표 하세요.

읽기 1	읽기 2	한자	부수	뜻	음	쓰기 1	쓰기 2
		加	力	더할	가		
		可	口	옳을	가		
		改	攵	고칠	개		
		去	厶	갈	거		
		擧	手	들	거		
		件	亻	물건	건		
		建	廴	세울	건		
		健	亻	건강할	건		
		景	日	경치	경		
		競	立	다툴	경		
		輕	車	가벼울	경		
		固	口	굳을	고		
		考	耂	생각할	고		
		曲	日	굽을	곡		
		橋	木	다리	교		
		救	攵	구원할	구		
		貴	貝	귀할	귀		
		規	見	법	규		
		給	糸	줄	급		
		技	扌	재주	기		
		期	月	기약할	기		
		汽	氵	김	기		
		吉	口	길할	길		
		壇	土	단	단		
		談	言	말씀	담		

읽기 1	읽기 2	한자	부수	뜻	음	쓰기 1	쓰기 2
		島	山	섬	도		
		都	阝	도읍	도		
		落	艹	떨어질	락		
		冷	冫	찰	랭		
		量	里	헤아릴	량		
		令	人	명령할	령		
		領	頁	거느릴	령		
		料	斗	헤아릴	료		
		馬	馬	말	마		
		末	木	끝	말		
		亡	亠	망할	망		
		買	貝	살	매		
		賣	貝	팔	매		
		無	灬	없을	무		
		倍	亻	곱	배		
		比	比	견줄	비		
		費	貝	쓸	비		
		鼻	鼻	코	비		
		氷	水	얼음	빙		
		寫	宀	베낄	사		
		思	心	생각	사		
		査	木	조사할	사		
		賞	貝	상줄	상		
		序	广	차례	서		
		善	口	착할	선		

21

5-2 신습한자

읽기 1	읽기 2	한자	부수	뜻	음	쓰기 1	쓰기 2
		船	舟	배	선		
		選	辶	가릴	선		
		示	示	보일	시		
		案	木	책상	안		
		魚	魚	물고기	어		
		漁	氵	고기 잡을	어		
		億	亻	억	억		
		熱	灬	더울	열		
		葉	艹	잎	엽		
		屋	尸	집	옥		
		完	宀	완전할	완		
		曜	日	빛날	요		
		浴	氵	목욕할	욕		
		牛	牛	소	우		
		雄	隹	수컷	웅		
		院	阝	집	원		
		原	厂	근원	원		
		願	頁	원할	원		
		位	亻	자리	위		
		耳	耳	귀	이		
		因	囗	의지할	인		
		再	冂	두	재		
		災	火	재앙	재		
		爭	爫	다툴	쟁		
		貯	貝	쌓을	저		
		赤	赤	붉을	적		
		停	亻	머무를	정		
		操	扌	잡을	조		
		終	糹	마칠	종		
		罪	罒	허물	죄		
		止	止	그칠	지		
		唱	口	부를	창		
		鐵	金	쇠	철		
		初	刀	처음	초		
		最	日	가장	최		
		祝	示	빌	축		
		致	至	이를	치		
		則	刂	법칙	칙		
		他	亻	다를	타		
		打	扌	칠	타		
		卓	十	높을	탁		
		炭	火	숯	탄		
		板	木	널조각	판		
		敗	攵	패할	패		
		河	氵	강	하		
		寒	宀	찰	한		
		許	言	허락할	허		
		湖	氵	호수	호		
		患	心	근심	환		
		黑	黑	검을	흑		

읽기? 뜻, 음을 가리고 읽어본 후 틀린 글자는 V표 하세요.
쓰기? 한자와 부수를 가리고 써본 후 틀린 글자는 V표 하세요.

읽기 1	2	한자	부수	뜻	음	쓰기 1	2
		街	行	거리	가		
		假	亻	거짓	가		
		減	氵	덜	감		
		監	皿	볼	감		
		康	广	편안할	강		
		講	言	강론할	강		
		個	亻	낱	개		
		檢	木	검사할	검		
		缺	缶	이지러질	결		
		潔	氵	깨끗할	결		
		警	言	깨우칠	경		
		境	土	지경	경		
		經	糸	글	경		
		慶	心	경사	경		
		係	亻	맬	계		
		故	攵	연고	고		
		官	宀	벼슬	관		
		究	穴	연구할	구		
		句	口	글귀	구		
		求	水	구할	구		
		宮	宀	궁궐	궁		
		權	木	권세	권		
		極	木	끝	극		
		禁	示	금할	금		
		器	口	그릇	기		

읽기 1	2	한자	부수	뜻	음	쓰기 1	2
		起	走	일어날	기		
		暖	日	따뜻할	난		
		難	佳	어려울	난		
		努	力	힘쓸	노		
		怒	心	성낼	노		
		單	口	홑	단		
		檀	木	박달나무	단		
		端	立	끝	단		
		斷	斤	끊을	단		
		達	辶	이를	달		
		擔	扌	멜	담		
		黨	黑	무리	당		
		帶	巾	띠	대		
		隊	阝	무리	대		
		導	寸	인도할	도		
		毒	毋	독할	독		
		督	目	감독할	독		
		銅	金	구리	동		
		斗	斗	말	두		
		豆	豆	콩	두		
		得	彳	얻을	득		
		燈	火	등	등		
		羅	四	벌릴	라		
		兩	入	두	량		
		麗	鹿	고울	려		

읽기 1	읽기 2	한자	부수	뜻	음	쓰기 1	쓰기 2
		連	辶	이을	련		
		列	刂	벌릴	렬		
		錄	金	기록할	록		
		論	言	논할	론		
		留	田	머무를	류		
		律	彳	법칙	률		
		滿	氵	찰	만		
		脈	月	혈관	맥		
		毛	毛	털	모		
		牧	牜	기를	목		
		務	力	힘쓸	무		
		武	止	군사	무		
		未	木	아닐	미		
		味	口	맛	미		
		密	宀	빽빽할	밀		
		博	十	넓을	박		
		防	阝	막을	방		
		訪	言	찾을	방		
		房	戶	방	방		
		拜	手	절	배		
		背	月	등	배		
		配	酉	나눌	배		
		伐	亻	칠	벌		
		罰	罒	벌할	벌		
		壁	土	벽	벽		

읽기 1	읽기 2	한자	부수	뜻	음	쓰기 1	쓰기 2
		邊	辶	가	변		
		保	亻	지킬	보		
		報	土	알릴	보		
		寶	宀	보배	보		
		步	止	걸음	보		
		復	彳	다시	부		
		府	广	관청	부		
		副	刂	버금	부		
		富	宀	부자	부		
		婦	女	아내	부		
		佛	亻	부처	불		
		備	亻	갖출	비		
		非	非	아닐	비		
		悲	心	슬플	비		
		飛	飛	날	비		
		貧	貝	가난할	빈		
		寺	寸	절	사		
		謝	言	사례할	사		
		師	巾	스승	사		
		舍	舌	집	사		
		殺	殳	죽일	살		
		常	巾	항상	상		
		床	广	평상	상		
		想	心	생각	상		
		狀	犬	형상	상		

읽기 1	읽기 2	한자	부수	뜻	음	쓰기 1	쓰기 2
		設	言	베풀	설		
		誠	言	정성	성		
		城	土	성	성		
		盛	皿	성할	성		
		星	日	별	성		
		聖	耳	성인	성		
		聲	耳	소리	성		
		勢	力	형세	세		
		稅	禾	세금	세		
		細	糸	가늘	세		
		掃	扌	쓸	소		
		笑	竹	웃음	소		
		素	糸	본디	소		
		俗	亻	풍속	속		
		續	糸	이을	속		
		送	辶	보낼	송		
		修	亻	닦을	수		
		守	宀	지킬	수		
		受	又	받을	수		
		授	扌	줄	수		
		收	攵	거둘	수		
		純	糸	순수할	순		
		承	手	이을	승		
		施	方	베풀	시		
		是	日	옳을	시		

읽기 1	읽기 2	한자	부수	뜻	음	쓰기 1	쓰기 2
		視	見	살필	시		
		試	言	시험	시		
		詩	言	시	시		
		息	心	쉴	식		
		申	田	펼	신		
		深	氵	깊을	심		
		眼	目	눈	안		
		暗	日	어두울	암		
		壓	土	누를	압		
		液	氵	즙	액		
		羊	羊	양	양		
		餘	食	남을	여		
		如	女	같을	여		
		逆	辶	거스를	역		
		研	石	갈	연		
		演	氵	펼	연		
		煙	火	연기	연		
		榮	木	영화	영		
		藝	艹	재주	예		
		誤	言	그르칠	오		
		玉	玉	구슬	옥		
		往	亻	갈	왕		
		謠	言	노래	요		
		容	宀	얼굴	용		
		員	口	관원	원		

읽기? 뜻, 음을 가리고 읽어본 후 틀린 글자는 V표 하세요.
쓰기? 한자와 부수를 가리고 써본 후 틀린 글자는 V표 하세요.

읽기 1	2	한자	부수	뜻	음	쓰기 1	2
		圓	口	둥글	원		
		衛	行	지킬	위		
		爲	爪	할	위		
		肉	肉	고기	육		
		恩	心	은혜	은		
		陰	阝	그늘	음		
		應	心	응할	응		
		義	羊	옳을	의		
		議	言	의논할	의		
		移	禾	옮길	이		
		益	皿	더할	익		
		認	言	알	인		
		印	卩	도장	인		
		引	弓	끌	인		
		將	寸	장수	장		
		障	阝	막을	장		
		低	亻	낮을	저		
		敵	攵	대적할	적		
		田	田	밭	전		
		絶	糸	끊을	절		
		接	扌	이을	접		
		程	禾	한도	정		
		政	攵	정사	정		
		精	米	깨끗할	정		
		制	刂	절제할	제		

읽기 1	2	한자	부수	뜻	음	쓰기 1	2
		製	衣	지을	제		
		濟	氵	건널	제		
		提	扌	드러낼	제		
		祭	示	제사	제		
		際	阝	사귈	제		
		除	阝	덜	제		
		助	力	도울	조		
		早	日	이를	조		
		造	辶	지을	조		
		鳥	鳥	새	조		
		尊	寸	높을	존		
		宗	宀	마루	종		
		走	走	달릴	주		
		竹	竹	대	죽		
		準	氵	평평할	준		
		衆	血	무리	중		
		增	土	더할	증		
		指	扌	가리킬	지		
		志	心	뜻	지		
		支	支	가를	지		
		至	至	이를	지		
		職	耳	직분	직		
		進	辶	나아갈	진		
		眞	目	참	진		
		次	欠	다음	차		

4Ⅱ-5 선습한자

읽기 1	읽기 2	한자	부수	뜻	음	쓰기 1	쓰기 2
		察	宀	살필	찰		
		創	刂	시작할	창		
		處	虍	곳	처		
		請	言	청할	청		
		總	糸	다	총		
		銃	金	총	총		
		蓄	艹	모을	축		
		築	竹	쌓을	축		
		忠	心	충성	충		
		蟲	虫	벌레	충		
		取	又	가질	취		
		測	氵	헤아릴	측		
		置	罒	둘	치		
		治	氵	다스릴	치		
		齒	齒	이	치		
		侵	亻	침노할	침		
		快	忄	시원할	쾌		
		態	心	모습	태		
		統	糸	거느릴	통		
		退	辶	물러날	퇴		
		波	氵	물결	파		
		破	石	깨뜨릴	파		
		包	勹	쌀	포		
		砲	石	대포	포		
		布	巾	펼	포		

읽기 1	읽기 2	한자	부수	뜻	음	쓰기 1	쓰기 2
		暴	日	사나울	폭		
		票	示	표	표		
		豊	豆	풍성할	풍		
		限	阝	한정	한		
		航	舟	건널	항		
		港	氵	항구	항		
		解	角	풀	해		
		鄕	阝	시골	향		
		香	香	향기	향		
		虛	虍	빌	허		
		驗	馬	시험	험		
		賢	貝	어질	현		
		血	血	피	혈		
		協	十	도울	협		
		惠	心	은혜	혜		
		呼	口	부를	호		
		好	女	좋을	호		
		戶	戶	집	호		
		護	言	보호할	호		
		貨	貝	재물	화		
		確	石	굳을	확		
		回	口	돌	회		
		吸	口	마실	흡		
		興	臼	일	흥		
		希	巾	바랄	희		

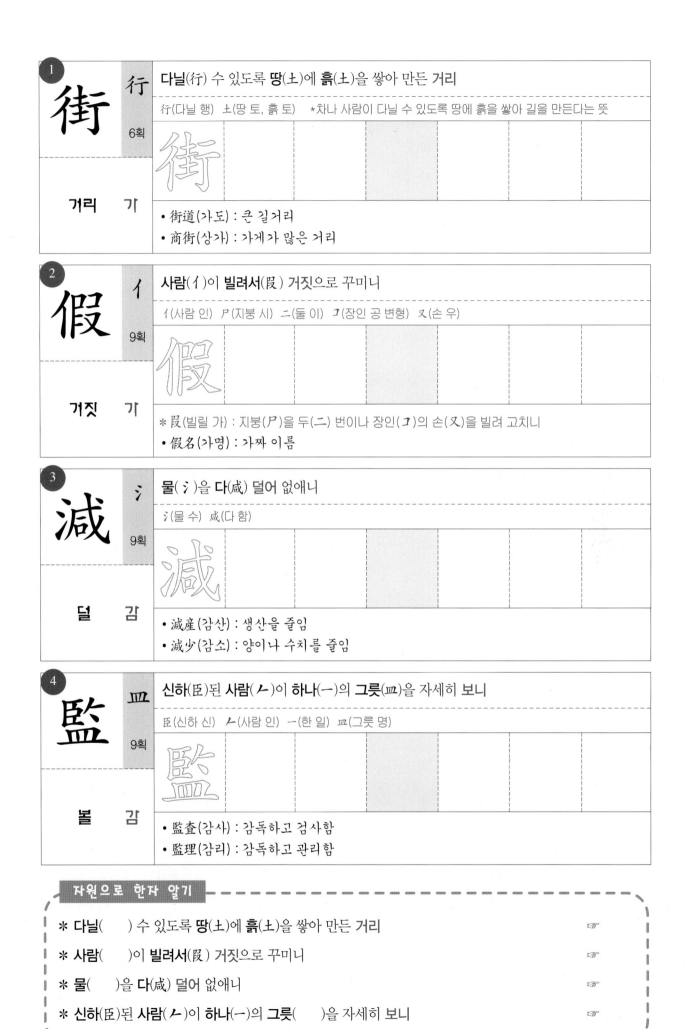

1	街 6획	行	다닐(行) 수 있도록 땅(土)에 흙(土)을 쌓아 만든 거리
			行(다닐 행) 土(땅 토, 흙 토) *차나 사람이 다닐 수 있도록 땅에 흙을 쌓아 길을 만든다는 뜻
	거리 가		• 街道(가도) : 큰 길거리 • 商街(상가) : 가게가 많은 거리

2	假 9획	亻	사람(亻)이 빌려서(叚) 거짓으로 꾸미니
			亻(사람 인) 尸(지붕 시) 二(둘 이) 工(장인 공 변형) 又(손 우)
	거짓 가		* 叚(빌릴 가) : 지붕(尸)을 두(二) 번이나 장인(工)의 손(又)을 빌려 고치니 • 假名(가명) : 가짜 이름

3	減 9획	氵	물(氵)을 다(咸) 덜어 없애니
			氵(물 수) 咸(다 함)
	덜 감		• 減産(감산) : 생산을 줄임 • 減少(감소) : 양이나 수치를 줄임

4	監 9획	皿	신하(臣)된 사람(𠂉)이 하나(一)의 그릇(皿)을 자세히 보니
			臣(신하 신) 𠂉(사람 인) 一(한 일) 皿(그릇 명)
	볼 감		• 監査(감사) : 감독하고 검사함 • 監理(감리) : 감독하고 관리함

자원으로 한자 알기

* 다닐(　) 수 있도록 **땅(土)에 흙(土)을 쌓아 만든 거리**　　☞

* 사람(　)이 **빌려서(叚) 거짓으로 꾸미니**　　☞

* 물(　)을 **다(咸) 덜어 없애니**　　☞

* 신하(臣)된 **사람(𠂉)이 하나(一)의 그릇(　)을 자세히 보니**　　☞

5 康 广 8획 편안할 강	큰집(广)에 이르러(隶) 편안하게 쉬니
	广(큰집 엄) 隶(미칠 이)
	康
	• 小康(소강) : 소란하던 형세가 조금 안정됨 • 健康(건강) : 정신적으로나 육체적으로 아무 탈이 없고 튼튼함

6 講 言 10획 강론할 강	말(言)하여 우물(井) 파는 법을 다시(再) 강론하니
	言(말씀 언) 井(우물 정) 再(다시 재)　*강론 : 학문이나 기술의 일정한 내용을 설명하여 가르침
	講
	• 講士(강사) : 강의를 하는 사람 • 講堂(강당) : 강의를 할 때에 쓰는 큰 방

7 個 亻 8획 낱 개	사람(亻)이나 굳은(固) 것은 낱개로 세니
	亻(사람 인) 固(굳을 고)
	個
	• 個性(개성) : 개인 성 • 個別(개별) : 낱낱이 따로 나눔

8 檢 木 13획 검사할 검	나무(木)를 다(僉) 검사하니
	木(나무 목) 人(사람 인) 一(한 일) 口(입 구)　*나무가 잘 자라는지 다 검사한다는 뜻입니다.
	檢
	*僉(다 첨) : 사람(人)들이 하나(一)같이 입(口)과 입(口)으로 사람(人)들에게 다 말하니 • 檢査(검사) : 실제의 상황을 잘 살피고 조사함

자원으로 한자 알기

* 큰집(　　)에 이르러(隶) 편안하게 쉬니　　　　☞

* 말(　　)하여 우물(井) 파는 법을 다시(再) 강론하니　　☞

* 사람(　　)이나 굳은(固) 것은 낱개로 세니　　　☞

* 나무(　　)를 다(僉) 검사하니　　　　☞

⑨ 缺 4획	缶	장군(缶)이 터져(夬) 이지러지고 내용물이 빠지니
		缶(장군 부) 夬(터질 쾌) *이지러지다 : 한쪽 귀퉁이가 떨어져 없어지다.
이지러질 빠질 결		缺
		• 缺食(결식) : 끼니를 거름 • 缺席(결석) : 자리에 빠짐

⑩ 潔 12획	氵	물(氵)에 세(三) 가지 송곳(丨)과 칼(刀)과 실(糸)을 씻어 깨끗하니
		氵(물 수) 三(석 삼) 丨(송곳 곤) 刀(칼 도) 糸(실 사)
깨끗할 결		潔
		• 潔白(결백) : 깨끗함 • 淸潔(청결) : 맑고 깨끗함

자원으로 한자 알기

* 장군(   )이 **터져**(夬) 이지러지고 내용물이 빠지니 ☞
* 물(   )에 **세**(三) 가지 **송곳**(丨)과 **칼**(刀)과 **실**(糸)을 씻어 깨끗하니 ☞

一思多得

行	+	朮 、	=	術(재주 술)	**다니며**(行) **나무**(朮)를 **점**(、) 찍듯 심고 가꾸는 **재주**
	+	土 土	=	街(거리 가)	**다닐**(行) 수 있도록 **땅**(土)에 **흙**(土)을 쌓아 만든 **거리**

广	+	黃	=	廣(넓을 광)	**큰집**(广)을 지을 정도로 **누런**(黃) 땅이 **넓으니**
	+	卜 口	=	店(가게 점)	**큰집**(广)에서 **점치듯**(卜) **입**(口)으로 말하며 물건을 파는 **가게**
	+	予	=	序(차례 서)	**큰집**(广)에서 **내**(予) **차례**를 기다리니
	+	隶	=	康(편안할 강)	**큰집**(广)에 **이르러**(隶) **편안**하게 쉬니

氵	+		=	決(결단할 결)	**물**(氵) 흐르듯 마음을 **터놓고**(夬) **결단**하여 정하니
缶	+	夬	=	缺(이지러질 결)	**장군**(缶)이 **터져**(夬) **이지러지고** 내용물이 빠지니

다음 한자를 나누고 **자원**을 쓰면서 익히세요.

街 거리 가 = ☐ + ☐ + ☐

假 거짓 가 = ☐ + ☐

減 덜 감 = ☐ + ☐

監 볼 감 = ☐ + ☐ + ☐ + ☐

康 편안할 강 = ☐ + ☐

講 강론할 강 = ☐ + ☐ + ☐

個 낱 개 = ☐ + ☐

檢 검사할 검 = ☐ + ☐

缺 이지러질 결 = ☐ + ☐

潔 깨끗할 결 = ☐ + ☐ + ☐ + ☐ + ☐

街 道	商 街	假 名	減 産
減 少	監 査	監 理	小 康
健 康	講 士	講 堂	個 性
個 別	檢 査	缺 食	缺 席
潔 白	淸 潔		

 다음 한자어를 **한자**로 쓰세요.

거리 가	길 도	거짓 가	이름 명	덜 감	낳을 산	볼 감	조사할 사
작을 소	편안할 강	강론할 강	사람 사	낱 개	성품 성	검사할 검	조사할 사
빠질 결	먹을 식	깨끗할 결	깨끗할 백	장사 상	거리 가	덜 감	적을 소
볼 감	다스릴 리	건강할 건	편안할 강	강론할 강	집 당	낱 개	나눌 별
빠질 결	자리 석	맑을 청	깨끗할 결				

1 경춘 街道를 달리다.

2 집 근처에 있는 商街에서 반찬거리를 샀다.

3 연예인들은 본명 대신 假名을 많이 쓴다.

4 쌓여 있는 재고 때문에 減産이 불가피하다.

5 이 장치는 매연 減少에 효과가 있다.

6 국정을 監査하다.

7 이번 공사의 監理를 맡아 책임이 무겁다.

8 다음 주는 장마가 小康 상태를 보이겠습니다.

9 평소 꾸준한 운동으로 자기의 健康을 지키자.

10 관중들은 멋진 강연을 한 講士에게 뜨거운 박수를 보냈다.

11 학교 講堂에 모여 합창 연습을 한다.

12 요즘은 유행을 쫓기보다는 個性있는 옷차림이 주목을 받는다.

13 선생님은 학생들의 집을 個別 방문하기 시작했다.

14 철저한 檢査를 통해 제품의 불량률을 줄였다.

15 缺食아동에 대한 국가의 지원이 필요하다.

16 그는 초등학교 다닐 때 缺席 한 번 하지 않았다.

17 潔白을 주장하다.

18 음식을 만드는 사람은 위생과 淸潔에 주의해야 한다.

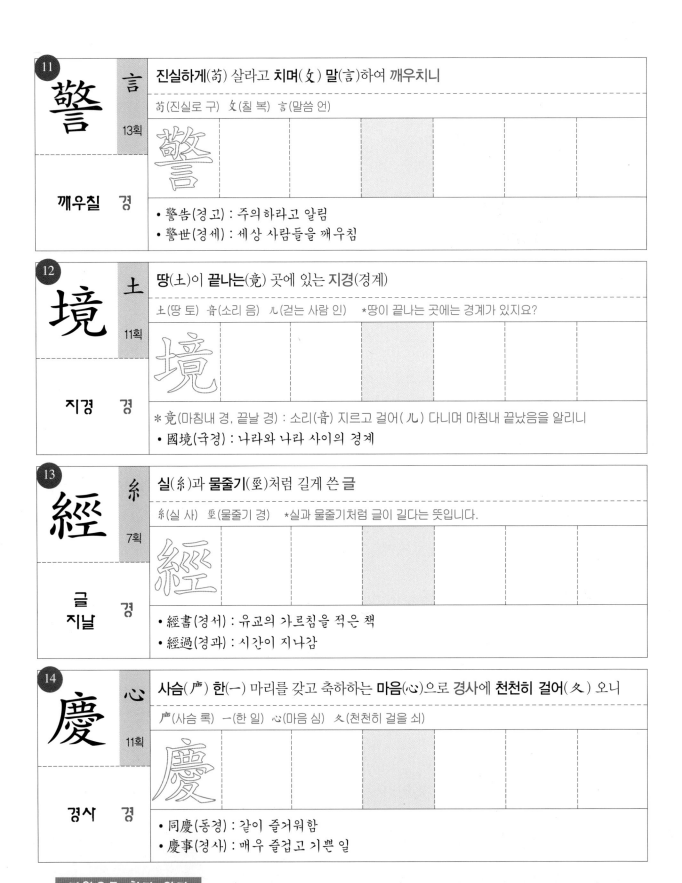

⑪ 警 言 13획 깨우칠 경	진실하게(苟) 치며(攵) 말(言)하여 깨우치니 苟(진실로 구) 攵(칠 복) 言(말씀 언)
	• 警告(경고) : 주의하라고 알림 • 警世(경세) : 세상 사람들을 깨우침

⑫ 境 土 11획 지경 경	땅(土)이 끝나는(竟) 곳에 있는 지경(경계) 土(땅 토) 音(소리 음) 儿(걷는 사람 인)　*땅이 끝나는 곳에는 경계가 있지요?
	*竟(마침내 경, 끝날 경) : 소리(音) 지르고 걸어(儿) 다니며 마침내 끝났음을 알리니 • 國境(국경) : 나라와 나라 사이의 경계

⑬ 經 糸 7획 글 지날 경	실(糸)과 물줄기(巠)처럼 길게 쓴 글 糸(실 사) 巠(물줄기 경)　*실과 물줄기처럼 글이 길다는 뜻입니다.
	• 經書(경서) : 유교의 가르침을 적은 책 • 經過(경과) : 시간이 지나감

⑭ 慶 心 11획 경사 경	사슴(声) 한(一) 마리를 갖고 축하하는 마음(心)으로 경사에 천천히 걸어(夂) 오니 声(사슴 록) 一(한 일) 心(마음 심) 夂(천천히 걸을 쇠)
	• 同慶(동경) : 같이 즐거워함 • 慶事(경사) : 매우 즐겁고 기쁜 일

자원으로 한자 알기

* 진실하게(苟) 살라고 치며(攵) 말(　)하여 깨우치니　☞

* 땅(　)이 끝나는(竟) 곳에 있는 지경(경계)　☞

* 실(　)과 물줄기(巠)처럼 길게 쓴 글　☞

* 사슴(声) 한(一) 마리를 갖고 축하하는 마음(　)으로 경사에 천천히 걸어(夂) 오니　☞

15 係 7획	イ	**사람(イ)이 끈(ノ)과 실(糸)을 묶이 매니**
		イ(사람 인) ノ(끈 별) 糸(실 사)
맬 계	계	• 關係(관계) : 둘 이상이 서로 걸림 • 係長(계장) : 계 단위의 책임자

16 故 5획	夊	**오랫동안(古) 치며(夊) 연고를 물으니**
		古(오랠 고) 夊(칠 복) *죄인을 오랫동안 치며 연고(일의 까닭)를 묻는다는 뜻입니다.
연고 일부러	고	• 故國(고국) : 조상이 살던 나라 • 故意(고의) : 일부러 하는 생각이나 태도

17 官 5획	宀	**집(宀)처럼 언덕(阝)에 지은 관청에서 벼슬하니**
		宀(집 면) 阝(언덕 부 변형) *관청은 백성들을 잘 살필 수 있도록 언덕이나 높은 곳에 지었습니다.
관청 벼슬	관	• 官家(관가) : 나라 일을 보던 집 • 上官(상관) : 윗자리의 관원

18 究 2획	穴	**구멍(穴) 난 곳에서 구(九) 년이나 연구하니**
		穴(구멍 혈) 九(아홉 구)
연구할	구	• 究明(구명) : 연구하여 이치를 밝힘 • 學究(학구) : 학문을 깊이 연구하는 일

자원으로 한자 알기

＊ **사람(   )이 끈(ノ)과 실(糸)을 묶어 매니**

＊ **오랫동안(古) 치며(   ) 연고를 물으니**

＊ **집(   )처럼 언덕(阝)에 지은 관청에서 벼슬하니**

＊ **구멍(   ) 난 곳에서 구(九) 년이나 연구하니**

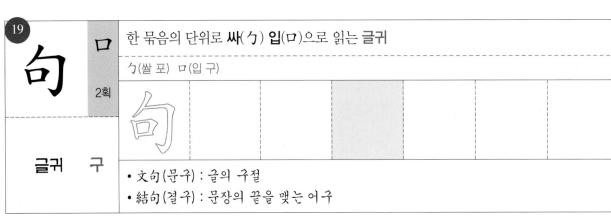

19 句 글귀 구	口 2획	한 묶음의 단위로 싸(勹) 입(口)으로 읽는 글귀
		勹(쌀 포) 口(입 구)

句					

• 文句(문구) : 글의 구절
• 結句(결구) : 문장의 끝을 맺는 어구

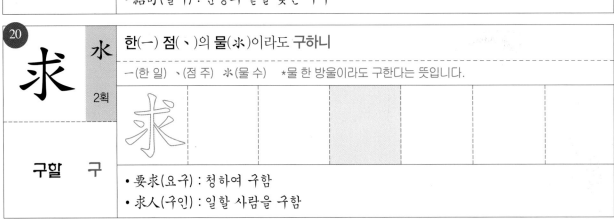

20 求 구할 구	水 2획	한(一) 점(丶)의 물(水)이라도 구하니
		一(한 일) 丶(점 주) 水(물 수) ★물 한 방울이라도 구한다는 뜻입니다.

求					

• 要求(요구) : 청하여 구함
• 求人(구인) : 일할 사람을 구함

자원으로 한자 알기

✱ 한 묶음의 단위로 싸(勹) 입(　)으로 읽는 글귀   ☞

✱ 한(一) 점(丶)의 물(　)이라도 구하니   ☞

一思多得

車	+		=	輕(가벼울 경)	수레(車)가 물줄기(巠) 흐르듯 가볍게 굴러가니
糸	+	巠	=	經(글 경)	실(糸)과 물줄기(巠)처럼 길게 쓴 글

交	+		=	效(본받을 효)	사귐(交)이 좋지 않아 치며(攵) 좋은 것을 본받도록 하니
古	+	攵	=	故(연고 고)	오랫동안(古) 치며(攵) 연고를 물으니

	+	工	=	空(빌 공)	구멍(穴)을 만들어(工) 속이 비니
穴	+	厶 心	=	窓(창 창)	구멍(穴)을 사사로운(厶) 마음(心)으로 벽에 뚫어 만든 창
	+	九	=	究(연구할 구)	구멍(穴) 난 곳에서 구(九) 년이나 연구하니

警 깨우칠 경 = ☐ + ☐ + ☐

境 지경 경 = ☐ + ☐

經 글 경 = ☐ + ☐

慶 경사 경 = ☐ + ☐ + ☐ + ☐

係 맬 계 = ☐ + ☐ + ☐

故 연고 고 = ☐ + ☐

官 벼슬 관 = ☐ + ☐

究 연구할 구 = ☐ + ☐

句 글귀 구 = ☐ + ☐

求 구할 구 = ☐ + ☐ + ☐

다음 한자어의 **독음**을 쓰세요.

警 告	警 世	國 境	經 書
經 過	同 慶	慶 事	關 係
係 長	故 國	故 意	官 家
上 官	究 明	學 究	文 句
結 句	要 求	求 人	

 다음 한자어를 **한자**로 쓰세요.

깨우칠 경	알릴 고	나라 국	지경 경	글 경	책 서	같을 동	경사 경
관계할 관	맬 계	연고 고	나라 국	관청 관	집 가	연구할 구	밝힐 명
글월 문	글귀 구	구할 요	구할 구	깨우칠 경	세상 세	지날 경	지날 과
경사 경	일 사	계 계	우두머리 장	일부러 고	뜻 의	윗 상	벼슬 관
학문 학	연구할 구	맺을 결	글귀 구	구할 구	사람 인		

예문으로 **한자어** 익히기(한자로 쓰인 단어의 뜻을 써보세요.)

1. 접근하지 말라는 **警告**를 무시하고 가까이 다가갔다.

2. 뛰어난 **警世**의 문장

3. 두 나라는 서로 **國境**이 접해 있다.

4. **經書**를 투철히 통달하다.

5. 삼 분 **經過**

6. 우리는 올림픽 금메달 소식에 **同慶**하였다.

7. 마을에 **慶事**가 났다.

8. 남북한 **關係** 정상화를 위한 정책을 추진하였다.

9. 올해 친구는 경리 **係長**에서 과장으로 승진하였다.

10. 살아생전 **故國** 땅을 밟아 보고 싶다.

11. 너를 난처하게 만들려고 **故意**로 저지른 일은 아니다.

12. **官家**에 죄인을 풀어 달라고 애원하다.

13. **上官**에게 경례하다.

14. 수사 팀은 사건의 원인 **究明**을 위해 노력했다.

15. **學究**에 몰두하다.

16. 그는 책을 읽다가 마음에 드는 **文句**가 있으면 수첩에 적는 습관이 있다.

17. 그녀의 시는 아름다운 **結句**로 끝을 맺고 있다.

18. 국민들은 실업자를 위한 대책을 빨리 세우도록 정부에 **要求**했다.

19. 취직자리를 구하려고 신문의 **求人** 광고란을 유심히 보았다.

21 宮 7획 궁궐 궁	宀	집(宀)이 등뼈(呂)처럼 이어진 **궁궐**
		宀(집 면) 呂(등뼈 려) *집이 등뼈처럼 연달아 쭉 이어져 있다는 뜻입니다.
		宮
		＊呂(등뼈 려) : 몸의 등뼈가 이어진 모양 • 宮女(궁녀) : 궁궐에서 일하던 나인

22 權 18획 권세 권	木	나무(木)와 풀(艹) 속에서 **입**(口)과 **입**(口)으로 **새**(隹)들이 권세를 다투니
		木(나무 목) 艹(풀 초) 口(입 구) 隹(새 추)
		權
		• 權利(권리) : 권세와 이익 • 權力(권력) : 남을 지배하여 강제로 복종시키는 힘

23 極 9획 끝 극	木	나무(木)에 쓰인 **한**(一) 글귀(句)를 또(又) **한**(一) 번 끝까지 읽으니
		木(나무 목) 一(한 일) 句(글귀 구) 又(또 우)
		極
		• 南極(남극) : 남쪽 끝 • 兩極(양극) : 서로 반대되는 양쪽 극단

24 禁 8획 금할 금	示	숲(林)은 보기만(示) 할 뿐 출입을 **금하니**
		林(수풀 림) 示(볼 시) *숲을 보호하기 위하여 출입을 금할 때가 있습니다.
		禁
		• 禁止(금지) : 금하여 못하게 함 • 禁食(금식) : 음식을 먹지 않음

자원으로 한자 알기

＊ 집(   )이 **등뼈**(呂)처럼 이어진 **궁궐**   ☞

＊ 나무(   )와 풀(艹) 속에서 **입**(口)과 **입**(口)으로 **새**(隹)들이 권세를 다투니   ☞

＊ 나무(   )에 쓰인 **한**(一) 글귀(句)를 또(又) **한**(一) 번 끝까지 읽으니   ☞

＊ 숲(林)은 **보기만**(   ) 할 뿐 출입을 **금하니**   ☞

25 器	口 13획	네 **식구**(口)가 실컷 먹을 수 있는 **개**(犬)고기를 담은 **그릇**
		口(사람 구) 犬(개 견)
그릇 도구	기	• 食器(식기) : 밥그릇 • 器具(기구) : 그릇, 연장 따위를 통틀어 이르는 말

26 起	走 3획	**달리려고**(走) **몸**(己)을 세워 **일어나니**
		走(달릴 주) 己(몸 기) *몸을 세워 일어나 달린다는 뜻입니다.
일어날	기	• 起立(기립) : 일어나 섬 • 起用(기용) : 인재를 높은 자리에 올려 씀

27 暖	日 9획	**해**(日) 있는 쪽으로 **당겨**(爰) **따뜻하니**
		日(해 일) 爫(손톱 조) 一(한 일) 友(벗 우)
따뜻할	난	*爰(당길 원) : 손(爫)으로 한(一) 명의 벗(友)을 잡아당기니 • 暖流(난류) : 따뜻한 해류

28 難	隹 11획	**진흙**(菫)에 빠진 **새**(隹)가 날기 **어려우니**
		菫(진흙 근) 隹(새 추)
어려울 나무랄	난	• 苦難(고난) : 괴로움과 어려움 • 非難(비난) : 남의 잘못이나 결점을 책잡아서 나쁘게 말함

자원으로 한자 알기

* 네 **식구**(   )가 실컷 먹을 수 있는 **개**(犬)고기를 담은 **그릇**　☞

* **달리려고**(   ) **몸**(己)을 세워 **일어나니**　☞

* **해**(   ) 있는 쪽으로 **당겨**(爰) **따뜻하니**　☞

* **진흙**(菫)에 빠진 **새**(   )가 날기 **어려우니**　☞

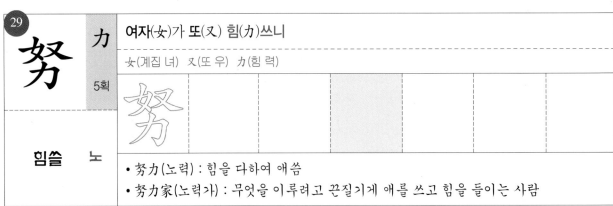

29 努 힘쓸 노	力 5획	여자(女)가 또(又) 힘(力)쓰니

女(계집 녀) 又(또 우) 力(힘 력)

• 努力(노력) : 힘을 다하여 애씀
• 努力家(노력가) : 무엇을 이루려고 끈질기게 애를 쓰고 힘을 들이는 사람

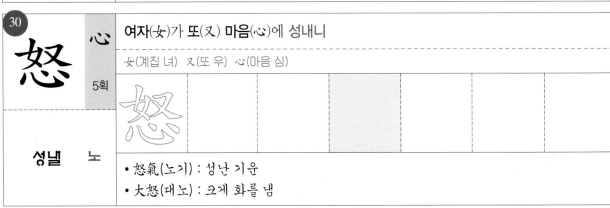

30 怒 성낼 노	心 5획	여자(女)가 또(又) 마음(心)에 성내니

女(계집 녀) 又(또 우) 心(마음 심)

• 怒氣(노기) : 성난 기운
• 大怒(대노) : 크게 화를 냄

자원으로 한자 알기

＊ 여자(女)가 또(又) 힘(   )쓰니　　　　　　　　　　　　　　　☞

＊ 여자(女)가 또(又) 마음(   )에 성내니　　　　　　　　　　　　☞

一思多得

宀	+	目	=	官(벼슬 관)	집(宀)처럼 언덕(目)에 지은 관청에서 벼슬하니
	+	呂	=	宮(궁궐 궁)	집(宀)이 등뼈(呂)처럼 이어진 궁궐

22 權(권세 권)　觀(볼 관) 잘 구별하세요.

　　權(권세 권) : 나무(木)와 풀(艹) 속에서 입(口)과 입(口)으로 새(隹)들이 권세를 다투니
　　觀(볼 관) : 풀(艹) 속에서 입(口)과 입(口)으로 지저귀며 새(隹)들이 보니(見)

다음 한자를 나누고 **자원**을 쓰면서 익히세요.

宮
궁궐 궁
= ☐ + ☐

權
권세 권
= ☐ + ☐ + ☐ + ☐ + ☐

極
끝 극
= ☐ + ☐ + ☐ + ☐ + ☐

禁
금할 금
= ☐ + ☐

器
그릇 기
= ☐ + ☐

起
일어날 기
= ☐ + ☐

暖
따뜻할 난
= ☐ + ☐

難
어려울 난
= ☐ + ☐

努
힘쓸 노
= ☐ + ☐ + ☐

怒
성낼 노
= ☐ + ☐ + ☐

宮 女	權 利	權 力	南 極
兩 極	禁 止	禁 食	食 器
器 具	起 立	起 用	暖 流
苦 難	非 難	努 力	怒 氣
大 怒			

 다음 한자어를 **한자**로 쓰세요.

궁궐 궁	계집 녀	권세 권	이로울 리	남녘 남	끝 극	금할 금	그칠 지
밥 식	그릇 기	일어날 기	설 립	따뜻할 난	흐를 류	괴로울 고	어려울 난
힘쓸 노	힘 력	성낼 노	기운 기	권세 권	힘 력	두 량	끝 극
금할 금	먹을 식	도구 기	연장 구	일어날 기	쓸 용	비방할 비	나무랄 난
큰 대	성낼 노						

1. **宮女**가 고개를 숙이고 문을 곱게 열었다.

2. 민주주의 국가에서는 국민의 자유와 **權利**가 보장된다.

3. 이제 인간의 역사에서 **權力**과 부를 몇 사람이 독점할 수 있는 시대는 지나갔다.

4. 북극을 원정했던 탐험대가 이번에는 **南極** 탐험을 계획하고 있다.

5. 그는 지난해 북극에 이어 올해 남극 탐험에 성공하여 지구의 **兩極**을 정복한 사람이 되었다.

6. 1960년대에는 밤12시 이후로 통행 **禁止**가 되어 마음대로 밖에 나갈 수 없었다.

7. 병원에서는 수술할 환자에게 **禁食**을 시킨다.

8. 그날 저녁에는 어머니가 **食器**에 담아 온 흰 찹쌀, 붉은 팥으로 찰밥을 지어 주셨다.

9. 과학실에는 실험 **器具**가 많이 준비되어 있다.

10. 연주가 끝나자 감동받은 관중들은 모두 **起立** 박수를 보냈다.

11. 그의 대표 팀 감독 **起用**을 두고 말들이 무성하다.

12. 삼면이 바다인 한반도는 동해에서 **暖流**와 한류가 교차하여 좋은 어장을 이룬다.

13. **苦難**을 이겨 낸 자만이 성공할 수 있다.

14. 부실 공사를 한 건설 회사에 **非難**이 쏟아졌다.

15. 우리는 각고의 **努力** 끝에 그 일을 해냈다.

16. 그는 화가 나서 얼굴에 **怒氣**를 드러냈다.

17. 선생님은 분란을 일으킨 학생들에게 **大怒**하셨다.

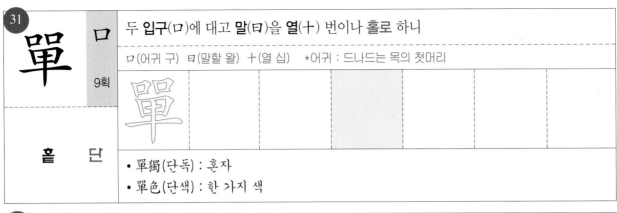

31 單 9획 홑 단	口	두 입구(口)에 대고 말(日)을 열(十) 번이나 홀로 하니
		口(어귀 구) 日(말할 왈) 十(열 십) *어귀 : 드나드는 목의 첫머리
		(單)
		• 單獨(단독) : 혼자 • 單色(단색) : 한 가지 색

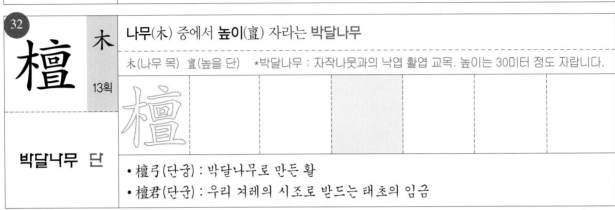

32 檀 13획 박달나무 단	木	나무(木) 중에서 높이(亶) 자라는 박달나무
		木(나무 목) 亶(높을 단) *박달나무 : 자작나뭇과의 낙엽 활엽 교목. 높이는 30미터 정도 자랍니다.
		(檀)
		• 檀弓(단궁) : 박달나무로 만든 활 • 檀君(단군) : 우리 겨레의 시조로 받드는 태초의 임금

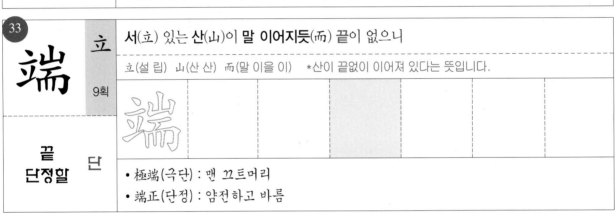

33 端 9획 끝 단정할 단	立	서(立) 있는 산(山)이 말 이어지듯(而) 끝이 없으니
		立(설 립) 山(산 산) 而(말 이을 이) *산이 끝없이 이어져 있다는 뜻입니다.
		(端)
		• 極端(극단) : 맨 끄트머리 • 端正(단정) : 얌전하고 바름

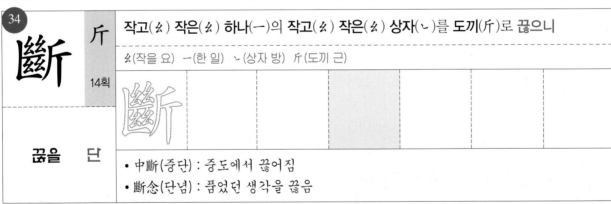

34 斷 14획 끊을 단	斤	작고(幺) 작은(幺) 하나(一)의 작고(幺) 작은(幺) 상자(乚)를 도끼(斤)로 끊으니
		幺(작을 요) 一(한 일) 乚(상자 방) 斤(도끼 근)
		(斷)
		• 中斷(중단) : 중도에서 끊어짐 • 斷念(단념) : 품었던 생각을 끊음

자원으로 한자 알기

＊ 두 **입구**(   )에 대고 **말**(日)을 **열**(十) 번이나 **홀로** 하니 ☞

＊ **나무**(   ) 중에서 **높이**(亶) 자라는 **박달나무** ☞

＊ **서**(   ) 있는 **산**(山)이 **말 이어지듯**(而) **끝**이 없으니 ☞

＊ **작고**(幺) **작은**(幺) **하나**(一)의 **작고**(幺) **작은**(幺) **상자**(乚)를 **도끼**(   )로 **끊으니** ☞

46

35 達 9획 이를 달	辶	땅(土)을 양(羊)들이 **뛰어(辶)** 풀밭에 이르니
		土(땅 토) 羊(양 양) 辶(뛸 착)
		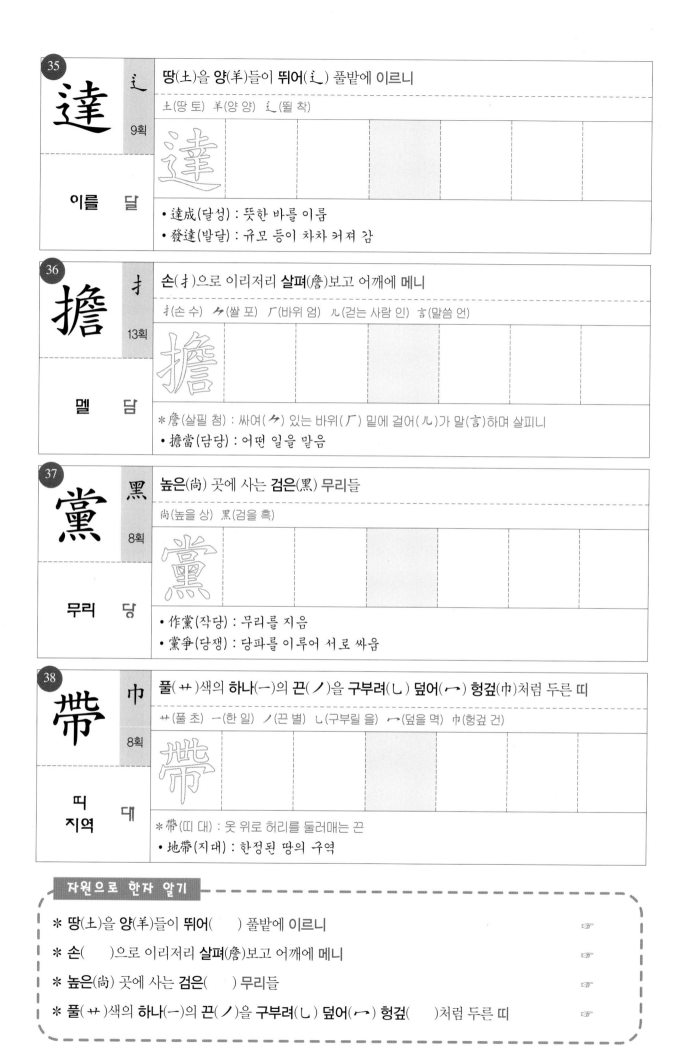
		• 達成(달성) : 뜻한 바를 이룸 • 發達(발달) : 규모 등이 차차 커져 감

36 擔 13획 멜 담	扌	손(扌)으로 이리저리 **살펴(詹)**보고 어깨에 메니
		扌(손 수) ⺈(쌀 포) 厂(바위 엄) 儿(걷는 사람 인) 言(말씀 언)
		*詹(살필 첨) : 싸여(⺈) 있는 바위(厂) 밑에 걸어(儿)가 말(言)하며 살피니 • 擔當(담당) : 어떤 일을 맡음

37 黨 8획 무리 당	黑	높은(尙) 곳에 사는 **검은(黑)** 무리들
		尙(높을 상) 黑(검을 흑)
		• 作黨(작당) : 무리를 지음 • 黨爭(당쟁) : 당파를 이루어 서로 싸움

38 帶 8획 띠 지역 대	巾	풀(艹)색의 하나(一)의 끈(丿)을 **구부려(乚) 덮어(冖)** 헝겊(巾)처럼 두른 띠
		艹(풀 초) 一(한 일) 丿(끈 별) 乚(구부릴 을) 冖(덮을 멱) 巾(헝겊 건)
		*帶(띠 대) : 옷 위로 허리를 둘러매는 끈 • 地帶(지대) : 한정된 땅의 구역

자원으로 한자 알기

* 땅(土)을 양(羊)들이 **뛰어(   )** 풀밭에 **이르니**　　　　　　　☞

* 손(   )으로 이리저리 **살펴(詹)**보고 어깨에 메니　　　　　　☞

* 높은(尙) 곳에 사는 **검은(   )** 무리들　　　　　　　　　　☞

* 풀(艹)색의 **하나(一)**의 끈(丿)을 **구부려(乚) 덮어(冖)** 헝겊(   )처럼 두른 띠　　☞

39 隊 9획 무리 군대 대	阝	언덕(阝)에 나누어(八) 돼지(豕)처럼 무리지어 있는 군대
		阝(언덕 부) 八(나눌 팔) 豕(돼지 시)
		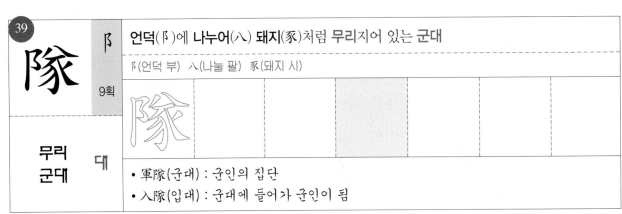
		• 軍隊(군대) : 군인의 집단 • 入隊(입대) : 군대에 들어가 군인이 됨

40 導 13획 인도할 도	寸	도리(道)와 규칙(寸)에 맞게 인도하니
		道(길 도, 도리 도) 寸(규칙 촌) *인도 : 어리석은 사람을 깨달음의 길로 이끌어 지도함
		• 導入(도입) : 인도하여 들임 • 主導(주도) : 주장이 되어 이끎

자원으로 한자 알기

✽ 언덕(   )에 **나누어**(八) **돼지**(豕)처럼 무리지어 있는 군대

✽ **도리**(道)와 **규칙**(   )에 맞게 **인도하니**

一思多得

尙	+	土	=	堂(집 당)	높게(尙) 땅(土)에 지은 집
	+	田	=	當(마땅 당)	높은(尙) 곳에 밭(田)농사를 짓는 것이 마땅하니
	+	貝	=	賞(상줄 상)	공이 높은(尙) 자에게 돈(貝)을 주어 상주니
	+	黑	=	黨(무리 당)	높은(尙) 곳에 사는 검은(黑) 무리들

土	+	亶	=	壇(단 단)	흙(土)을 높이(亶) 쌓아 만든 단
木	+		=	檀(박달나무 단)	나무(木) 중에서 높이(亶) 자라는 박달나무

阝	+	坴	=	陸(뭍 륙)	언덕(阝)과 언덕(坴)으로 이루어진 육지
	+	八 豕	=	隊(무리 대)	언덕(阝)에 나누어(八) 돼지(豕)처럼 무리지어 있는 군대

單 홀 단 = ☐ + ☐ + ☐

檀 박달나무 단 = ☐ + ☐

端 끝 단 = ☐ + ☐ + ☐

斷 끊을 단 = ☐ + ☐ + ☐ + ☐ + ☐ + ☐ + ☐

達 이를 달 = ☐ + ☐ + ☐

擔 멜 담 = ☐ + ☐

黨 무리 당 = ☐ + ☐

帶 띠 대 = ☐ + ☐ + ☐ + ☐ + ☐ + ☐

隊 무리 대 = ☐ + ☐ + ☐

導 인도할 도 = ☐ + ☐

다음 한자어의 **독음**을 쓰세요.

單 獨	單 色	檀 弓	檀 君
極 端	端 正	中 斷	斷 念
達 成	發 達	擔 當	作 黨
黨 爭	地 帶	軍 隊	入 隊
導 入	主 導		

다음 한자어를 **한자**로 쓰세요.

홀 단	홀로 독	박달나무 단	활 궁	끝 극	끝 단	가운데 중	끊을 단
이룰 달	이룰 성	멜 담	마땅 당	지을 작	무리 당	땅 지	구분할 대
군사 군	무리 대	인도할 도	들 입	홀 단	빛 색	박달나무 단	임금 군
단정할 단	바를 정	끊을 단	생각 념	계발할 발	이룰 달	무리 당	다툴 쟁
들 입	군대 대	주될 주	인도할 도				

1 그는 회사의 중요한 사안을 **單獨**으로 결정하였다.

2 그녀는 머리에서 발끝까지 검은색 **單色**으로 차려입었다.

3 우리의 활의 역사는 고조선의 **檀弓**에서 시작됐다.

4 우리는 **檀君**의 피를 이어받은 한 겨레이다.

5 절망의 **極端**에 이르러 비로소 그는 희망의 의미를 알게 되었다.

6 이 회사는 용모가 **端正**한 사람을 찾는다.

7 짙은 안개 때문에 비행기 운행이 잠시 **中斷**되었다.

8 그는 어떤 어려움이 닥쳐도 **斷念**을 모르는 사람이었다.

9 목표 **達成**을 위해 노력하다.

10 음악은 아이의 정서적 **發達**에 좋다.

11 그는 구청에서 **擔當**을 만나 사정 이야기를 했다.

12 흥분한 마을 사람들은 수십 명씩 **作黨**을 해서 관가로 몰려왔다.

13 극성해 가는 **黨爭** 틈서리에 쇠약하고 좀먹어 가는 것은 나라와 백성뿐이었다.

14 간밤에 많은 비가 내려 마을 사람들은 높은 **地帶**로 대피했다.

15 우리나라의 성인 남자는 특별한 결격 사유가 없는 한 누구나 **軍隊**에 가야 한다.

16 삼촌은 군 **入隊**를 며칠 앞두고 할아버지 산소를 찾았다.

17 삼국 시대의 건축술은 불교의 **導入**과 함께 발전을 이루었다.

18 공신력 있는 기관의 **主導** 아래 모든 업체가 실험에 참여하고 있다.

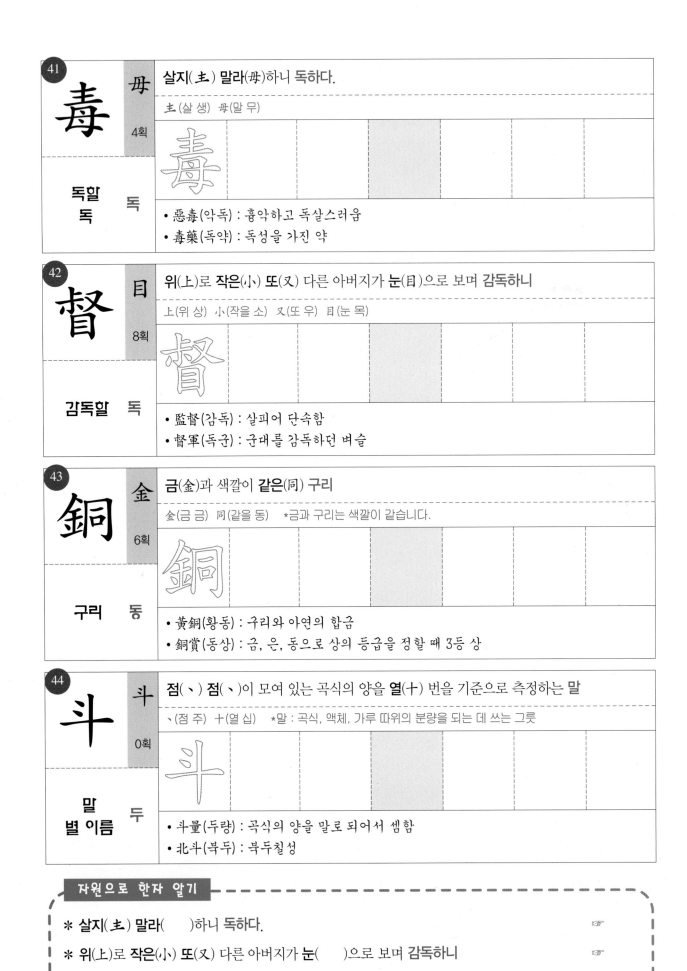

41 毒 4획 독할 독	毋	살지(生) 말라(毋)하니 독하다.
		生(살 생) 毋(말 무)
		• 惡毒(악독) : 흉악하고 독살스러움 • 毒藥(독약) : 독성을 가진 약

42 督 8획 감독할 독	目	위(上)로 작은(小) 또(又) 다른 아버지가 눈(目)으로 보며 감독하니
		上(위 상) 小(작을 소) 又(또 우) 目(눈 목)
		• 監督(감독) : 살피어 단속함 • 督軍(독군) : 군대를 감독하던 벼슬

43 銅 6획 구리 동	金	금(金)과 색깔이 같은(同) 구리
		金(금 금) 同(같을 동) *금과 구리는 색깔이 같습니다.
		• 黃銅(황동) : 구리와 아연의 합금 • 銅賞(동상) : 금, 은, 동으로 상의 등급을 정할 때 3등 상

44 斗 0획 말 별 이름 두	斗	점(丶) 점(丶)이 모여 있는 곡식의 양을 열(十) 번을 기준으로 측정하는 말
		丶(점 주) 十(열 십) *말 : 곡식, 액체, 가루 따위의 분량을 되는 데 쓰는 그릇
		• 斗量(두량) : 곡식의 양을 말로 되어서 셈함 • 北斗(북두) : 북두칠성

자원으로 한자 알기

＊ 살지(生) 말라(　　)하니 독하다.　　　　　　　　☞

＊ 위(上)로 작은(小) 또(又) 다른 아버지가 눈(　　)으로 보며 감독하니　　　　☞

＊ 금(　　)과 색깔이 같은(同) 구리　　　　　　　　☞

＊ 점(丶) 점(丶)이 모여 있는 곡식의 양을 열(十) 번을 기준으로 측정하는 말　　☞

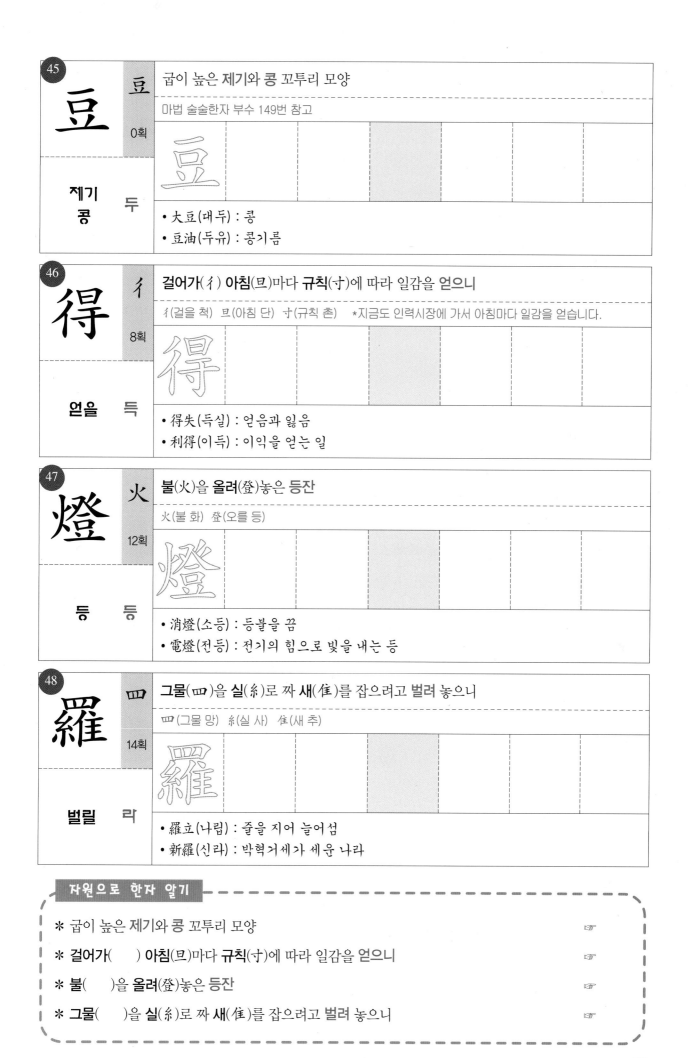

45 豆	豆 0획	굽이 높은 **제기**와 콩 꼬투리 모양
		마법 술술한자 부수 149번 참고
제기 콩	두	• 大豆(대두) : 콩 • 豆油(두유) : 콩기름

46 得	彳 8획	**걸어가**(彳) **아침**(旦)마다 **규칙**(寸)에 따라 일감을 **얻으니**
		彳(걸을 척) 旦(아침 단) 寸(규칙 촌) *지금도 인력시장에 가서 아침마다 일감을 얻습니다.
얻을	득	• 得失(득실) : 얻음과 잃음 • 利得(이득) : 이익을 얻는 일

47 燈	火 12획	**불**(火)을 **올려**(登)놓은 등잔
		火(불 화) 登(오를 등)
등	등	• 消燈(소등) : 등불을 끔 • 電燈(전등) : 전기의 힘으로 빛을 내는 등

48 羅	罒 14획	**그물**(罒)을 **실**(糸)로 짜 **새**(隹)를 잡으려고 벌려 놓으니
		罒(그물 망) 糸(실 사) 隹(새 추)
벌릴	라	• 羅立(나립) : 줄을 지어 늘어섬 • 新羅(신라) : 박혁거세가 세운 나라

자원으로 한자 알기

* 굽이 높은 **제기**와 콩 꼬투리 모양 ☞

* **걸어가**(　) **아침**(旦)마다 **규칙**(寸)에 따라 일감을 **얻으니** ☞

* **불**(　)을 **올려**(登)놓은 등잔 ☞

* **그물**(　)을 **실**(糸)로 짜 **새**(隹)를 잡으려고 벌려 놓으니 ☞

53

49 兩	入	하나(一)의 성(冂)을 뚫고(丨) 두 곳으로 들어(入)가니					
	6획	一(한 일) 冂(성 경) 丨(뚫을 곤) 入(들 입)					
		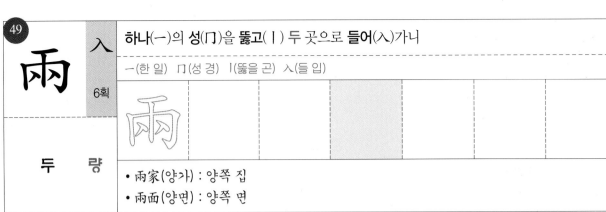					
두	량	• 兩家(양가) : 양쪽 집 • 兩面(양면) : 양쪽 면					

50 麗	鹿	나란히 하나(一)의 성(冂)을 밝히는 불꽃(、)처럼 사슴(鹿)의 무늬가 고우니					
	8획	一(한 일) 冂(성 경) 、(불꽃 주) 鹿(사슴 록)					
		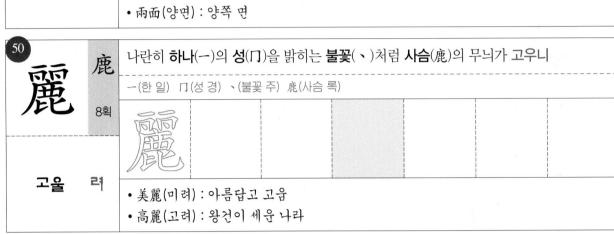					
고울	려	• 美麗(미려) : 아름답고 고움 • 高麗(고려) : 왕건이 세운 나라					

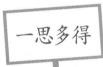
자원으로 한자 알기

❋ 하나(一)의 성(冂)을 뚫고(丨) 두 곳으로 들어(　　)가니　　☞

❋ 나란히 하나(一)의 성(冂)을 밝히는 불꽃(、)처럼 사슴(　　)의 무늬가 고우니　　☞

一思多得

主	+ 貝	= 責(꾸짖을 책)	생명(主) 같은 돈(貝)을 어쨌냐고 꾸짖으며 책임을 물으니
	+ 毋	= 毒(독할 독)	살지(主) 말라(毋)하니 독하다.

氵	+	= 洞(마을 동)	물(氵)을 같이(同) 마시고 사는 마을
金	+ 同	= 銅(구리 동)	금(金)과 색깔이 같은(同) 구리

罒	+ 非	= 罪(허물 죄)	법망(罒)에 걸린 옳지 아니한(非) 죄
	+ 糸 隹	= 羅(벌릴 라)	그물(罒)을 실(糸)로 짜 새(隹)를 잡으려고 벌려 놓으니

다음 한자를 나누고 **자원**을 쓰면서 익히세요.

毒
독할 독
= ☐ + ☐

督
감독할 독
= ☐ + ☐ + ☐ + ☐

銅
구리 동
= ☐ + ☐

斗
말 두
= ☐ + ☐ + ☐

豆
콩 두
= ☐

得
얻을 득
= ☐ + ☐ + ☐

燈
등 등
= ☐ + ☐

羅
벌릴 라
= ☐ + ☐ + ☐

兩
두 량
= ☐ + ☐ + ☐ + ☐

麗
고울 려
= ☐ + ☐ + ☐ + ☐

다음 한자어의 **독음**을 쓰세요.

惡 毒	毒 藥	監 督	督 軍
黃 銅	銅 賞	斗 量	北 斗
大 豆	豆 油	得 失	利 得
消 燈	電 燈	羅 立	新 羅
兩 家	兩 面	美 麗	高 麗

 다음 한자어를 **한자**로 쓰세요.

악할 악	독할 독	살필 감	감독할 독	누를 황	구리 동	말 두	헤아릴 량
큰 대	콩 두	얻을 득	잃을 실	끌 소	등 등	벌릴 라	설 립
두 량	집 가	아름다울 미	고울 려	독 독	약 약	감독할 독	군사 군
구리 동	상줄 상	북녘 북	별 이름 두	콩 두	기름 유	이로울 리	얻을 득
전기 전	등 등	새 신	벌릴 라	두 량	표면 면	높을 고	고울 려

1 술만 취하면 이성을 잃고 **惡毒**을 피운다.

2 술은 마시기에 따라서 때로는 보약이 될 수도 있고 **毒藥**이 될 수도 있다.

3 일손을 놓고 서 버리는 인부들을 향해 공사장 **監督**은 소리를 질러 댔다.

4 **督軍**은 중국 신해혁명 후, 각 성에 둔 지방관으로 본래는 군사 장관이었다.

5 **黃銅**으로 된 밥솥은 밥맛이 좋다.

6 백일장 대회에서 **銅賞**을 받아 내심 섭섭하였다.

7 꾸어 온 쌀을 **斗量**해 보니 열 되 조금 못된다.

8 북두칠성을 줄여 **北斗**라고 합니다.

9 **大豆**로 만든 두부는 식물성 고기라 할 만큼 우리 건강에 아주 좋다.

10 우리 집은 **豆油**를 사용한다.

11 승패가 같은 경우에는 골 **得失**차로 본선 진출을 가린다.

12 그는 지난해 주식 투자로 엄청난 **利得**을 보았다.

13 이미 **消燈**이 끝나 오래전부터 취침 중이다.

14 **電燈** 스위치를 찾아 벽을 더듬었다.

15 궁에 들어서자 신하들이 **羅立**하였다.

16 **新羅**의 삼국 통일

17 **兩家** 부모님을 모시고 조촐한 상견례 자리를 마련했다.

18 이 세상에서 일어나는 일은 다 **兩面**이 있다.

19 금강산의 **美麗**한 자연경관에 모두들 감탄했다.

20 **高麗**의 시조는 왕건이다.

1. 다닐(   ) 수 있도록 땅(土)에 흙(土)을 쌓아 만든 거리　　　☞

2. 사람(   )이 빌려서(段) 거짓으로 꾸미니　　　☞

3. 물(   )을 다(咸) 덜어 없애니　　　☞

4. 신하(臣)된 사람(亼)이 하나(一)의 그릇(   )을 자세히 보니　　　☞

5. 큰집(   )에 이르러(隶) 편안하게 쉬니　　　☞

6. 말(   )하여 우물(井) 파는 법을 다시(再) 강론하니　　　☞

7. 사람(   )이나 굳은(固) 것은 낱개로 세니　　　☞

8. 나무(   )를 다(僉) 검사하니　　　☞

9. 장군(   )이 터져(夬) 이지러지고 내용물이 빠지니　　　☞

10. 물(   )에 세(三) 가지 송곳(丨)과 칼(刀)과 실(糸)을 씻어 깨끗하니　　　☞

11. 진실하게(苟) 살라고 치며(攵) 말(   )하여 깨우치니　　　☞

12. 땅(   )이 끝나는(竟) 곳에 있는 지경(경계)　　　☞

13. 실(   )과 물줄기(巠)처럼 길게 쓴 글　　　☞

14. 사슴(严) 한(一) 마리를 갖고 축하하는 마음(   )으로 경사에 천천히 걸어(夂) 오니　　　☞

15. 사람(   )이 끈(丿)과 실(糸)을 묶어 매니　　　☞

16. 오랫동안(古) 치며(   ) 연고를 물으니　　　☞

17. 집(   )처럼 언덕(阝)에 지은 관청에서 벼슬하니　　　☞

18. 구멍(   ) 난 곳에서 구(九) 년이나 연구하니　　　☞

19. 한 묶음의 단위로 싸(勹) 입(   )으로 읽는 글귀　　　☞

20. 한(一) 점(丶)의 물(   )이라도 구하니　　　☞

21. 집(   )이 등뼈(呂)처럼 이어진 궁궐　　　☞

22. 나무(   )와 풀(艹) 속에서 입(口)과 입(口)으로 새(隹)들이 권세를 다투니　　　☞

23. 나무(   )에 쓰인 한(一) 글귀(句)를 또(又) 한(一) 번 끝까지 읽으니　　　☞

24. 숲(林)은 보기만(   ) 할 뿐 출입을 금하니　　　☞

25. 네 식구(   )가 실컷 먹을 수 있는 개(犬)고기를 담은 그릇　　　☞

26. 달리려고( ) 몸(己)을 세워 일어나니 ☞

27. 해( ) 있는 쪽으로 **당겨**(爰) 따뜻하니 ☞

28. 진흙(堇)에 빠진 **새**( )가 날기 어려우니 ☞

29. 여자(女)가 또(又) 힘( )쓰니 ☞

30. 여자(女)가 또(又) 마음( )에 성내니 ☞

31. 두 **입구**( )에 대고 **말**(曰)을 **열**(十) 번이나 홀로 하니 ☞

32. 나무( ) 중에서 **높이**(亶) 자라는 박달나무 ☞

33. **서**( ) 있는 **산**(山)이 말 **이어지듯**(而) 끝이 없으니 ☞

34. **작고**(幺) **작은**(幺) **하나**(一)의 **작고**(幺) **작은**(幺) **상자**(ㄴ)를 **도끼**( )로 끊으니 ☞

35. **땅**(土)을 **양**(羊)들이 **뛰어**( ) 풀밭에 이르니 ☞

36. **손**( )으로 이리저리 **살펴**(詹)보고 어깨에 메니 ☞

37. **높은**(尚) 곳에 사는 **검은**( ) 무리들 ☞

38. **풀**(艹)색의 **하나**(一)의 **끈**(丿)을 **구부려**(乚) **덮어**(冖) 헝겊( )처럼 두른 띠 ☞

39. 언덕( )에 **나누어**(八) **돼지**(豕)처럼 무리지어 있는 군대 ☞

40. **도리**(道)와 **규칙**( )에 맞게 인도하니 ☞

41. **살지**(圭) **말라**( )하니 독하다. ☞

42. **위**(上)로 **작은**(小) **또**(又) 다른 아버지가 **눈**( )으로 보며 감독하니 ☞

43. **금**( )과 색깔이 **같은**(同) 구리 ☞

44. **점**(丶) **점**(丶)이 모여 있는 곡식의 양을 **열**(十) 번을 기준으로 측정하는 말 ☞

45. 굽이 높은 제기와 콩 꼬투리 모양 ☞

46. **걸어가**( ) **아침**(旦)마다 **규칙**(寸)에 따라 일감을 얻으니 ☞

47. **불**( )을 **올려**(癶)놓은 등잔 ☞

48. **그물**( )을 **실**(糸)로 짜 **새**(隹)를 잡으려고 벌려 놓으니 ☞

49. **하나**(一)의 **성**(冂)을 **뚫고**(丨) 두 곳으로 들어( )가니 ☞

50. 나란히 **하나**(一)의 **성**(冂)을 밝히는 **불꽃**(丶)처럼 **사슴**( )의 무늬가 고우니 ☞

街　假　減　監　康　講　個

檢　缺　潔　警　境　經　慶

係　故　官　　　究　句　求

宮　權　　　　　　　極　禁

器　　　4Ⅱ 1-50번　　　起
　　　　형성평가

暖　難　　　　　努　怒

單　檀　端　　斷　達　擔

黨　帶　隊　導　毒　督　銅

斗　豆　得　燈　羅　兩　麗

다음 뜻과 음을 지닌 **한자**를 쓰세요.

거리 가	거짓 가	덜 감	볼 감	편안할 강	강론할 강	낱 개

검사할 검	이지러질 결	깨끗할 결	깨우칠 경	지경 경	글 경	경사 경

맬 계	연고 고	벼슬 관		연구할 구	글귀 구	구할 구

궁궐 궁	권세 권				끝 극	금할 금

4Ⅱ 1-50번 형성평가

그릇 기						일어날 기

따뜻할 난	어려울 난				힘쓸 노	성낼 노

홑 단	박달나무 단	끝 단		끊을 단	이를 달	멜 담

무리 당	띠 대	무리 대	인도할 도	독할 독	감독할 독	구리 동

말 두	콩 두	얻을 득	등 등	벌릴 라	두 량	고울 려

51 連 7획	辶	수레(車)를 끌고 **뛰어**(辶) 잇따르니
		車(수레 거) 辶(뛸 착)
이을 련		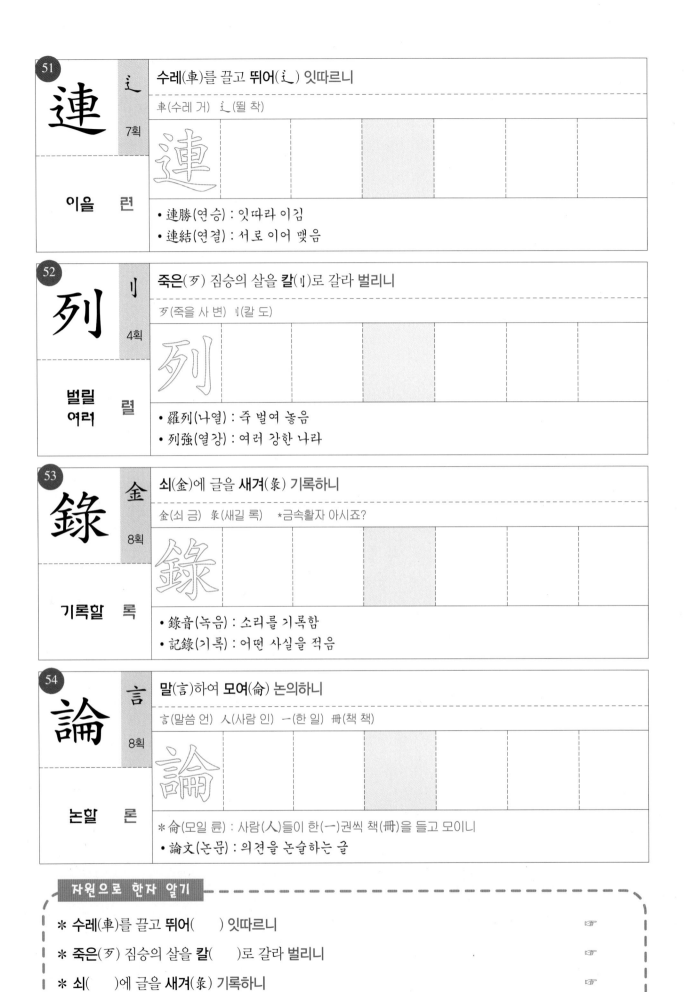
		• 連勝(연승) : 잇따라 이김 • 連結(연결) : 서로 이어 맺음

52 列 4획	刂	**죽은**(歹) 짐승의 살을 **칼**(刂)로 갈라 벌리니
		歹(죽을 사 변) 刂(칼 도)
벌릴 여러 렬		
		• 羅列(나열) : 죽 벌여 놓음 • 列強(열강) : 여러 강한 나라

53 錄 8획	金	**쇠**(金)에 글을 **새겨**(彔) 기록하니
		金(쇠 금) 彔(새길 록) *금속활자 아시죠?
기록할 록		
		• 錄音(녹음) : 소리를 기록함 • 記錄(기록) : 어떤 사실을 적음

54 論 8획	言	**말**(言)하여 **모여**(侖) 논의하니
		言(말씀 언) 人(사람 인) 一(한 일) 冊(책 책)
논할 론		
		*侖(모일 륜) : 사람(人)들이 한(一)권씩 책(冊)을 들고 모이니 • 論文(논문) : 의견을 논술하는 글

자원으로 한자 알기

* 수레(車)를 끌고 **뛰어**(   ) 잇따르니　　　　　　☞

* 죽은(歹) 짐승의 살을 **칼**(   )로 갈라 벌리니　　☞

* 쇠(   )에 글을 **새겨**(彔) 기록하니　　　　　　☞

* 말(   )하여 **모여**(侖) 논의하니　　　　　　　☞

55 留 머무를 류	田 5획	토끼(卯)가 밭(田)에 머무르니
		卯(토끼 묘 변형) 田(밭 전)
		留
		*卯(토끼 묘) : 두 문을 연 모양으로 토끼를 뜻함 • 留學(유학) : 외국에 머물면서 공부함

56 律 법칙 률 율	彳 6획	걸어가(彳) 현지 실정에 맞게 붓(聿)으로 기록한 법
		彳(걸을 척) 聿(붓 율)
		律
		• 法律(법률) : 나라에서 정한 법 • 規律(규율) : 일상생활의 질서

57 滿 찰 만	氵 11획	물(氵)을 풀(艹)에 주려고 두(兩) 그릇에 가득 채우니
		氵(물 수) 艹(풀 초) 兩(두 량)
		滿
		• 滿開(만개) : 꽃이 활짝 핌 • 滿足(만족) : 부족함이 없이 충분함

58 脈 혈관 줄기 맥	月 6획	몸(月)속에 바위(厂) 밑의 뿌리(氏)처럼 사방으로 뻗어 있는 혈관
		月(몸 월) 厂(바위 엄) 氏(뿌리 씨)
		脈
		• 血脈(혈맥) : 몸 안의 피가 도는 줄기 • 山脈(산맥) : 큰 산에서 길게 뻗어 나간 산의 줄기

자원으로 한자 알기

* 토끼(卯)가 밭(   )에 머무르니   ☞

* 걸어가(   ) 현지 실정에 맞게 붓(聿)으로 기록한 법   ☞

* 물(   )을 풀(艹)에 주려고 두(兩) 그릇에 가득 채우니   ☞

* 몸(   )속에 바위(厂) 밑의 뿌리(氏)처럼 사방으로 뻗어 있는 혈관   ☞

59 毛	毛 0획	끈(丿)처럼 두(二) 날개에서 펄럭이는 새(乚)의 털				
		丿(끈 별) 二(둘 이) 乚(새 을)				
털 모						
		• 毛皮(모피) : 털가죽 • 毛根(모근) : 털뿌리				

60 牧	牜 4획	소(牜)를 쳐(攵) 기르니				
		牜(소 우) 攵(칠 복) ＊치다 : 가축이나 가금 따위를 기르다. 양치기 소년 아시죠?				
기를 목		牧				
		• 牧場(목장) : 마소나 양을 기르는 곳 • 牧童(목동) : 마소나 양을 치는 아이				

자원으로 한자 알기

＊ 끈(丿)처럼 두(二) 날개에서 펄럭이는 새(乚)의 털   ☞

＊ 소(　　)를 쳐(攵) 기르니   ☞

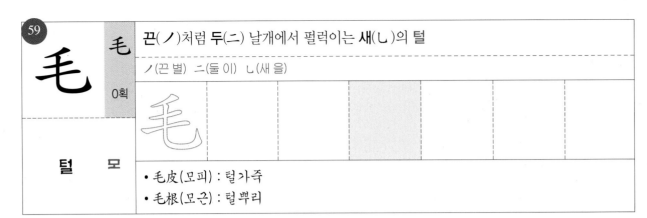

一思多得

糸	+		=	綠(푸를 록)	실(糸)로 무늬를 새겨(彔) 푸르니
金	+	彔	=	錄(기록할 록)	쇠(金)에 글을 새겨(彔) 기록하니

苟	+		=	敬(공경 경)	진실하게(苟) 살라고 치며(攵) 깨우치는 사람을 공경하니
交	+		=	效(본받을 효)	사귐(交)이 좋지 않아 치며(攵) 좋은 것을 본받도록 하니
己	+		=	改(고칠 개)	몸(己)을 쳐(攵) 잘못을 고치니
求	+	攵	=	救(구원할 구)	구하려고(求) 적을 쳐(攵) 구원하니
至	+		=	致(이를 치)	지극한(至) 정성으로 치며(攵) 인도하면 뜻을 이루고 목표에 이르니
貝	+		=	敗(패할 패)	조개(貝)를 치면(攵) 산산이 깨지듯 적에게 패하니
牜	+		=	牧(기를 목)	소(牜)를 쳐(攵) 기르니

다음 한자를 나누고 **자원**을 쓰면서 익히세요.

連 이을 련 = ☐ + ☐

列 벌릴 렬 = ☐ + ☐

錄 기록할 록 = ☐ + ☐

論 논할 론 = ☐ + ☐

留 머무를 류 = ☐ + ☐

律 법칙 률 = ☐ + ☐

滿 찰 만 = ☐ + ☐ + ☐

脈 혈관 맥 = ☐ + ☐ + ☐

毛 털 모 =

牧 기를 목 = ☐ + ☐

다음 한자어의 **독음**을 쓰세요.

連勝　　連結　　羅列　　列強

錄音　　記錄　　論文　　留學

法律　　規律　　滿開　　滿足

血脈　　山脈　　毛皮　　毛根

牧場　　牧童

 다음 한자어를 **한자**로 쓰세요.

이을 련	이길 승	벌릴 라	벌릴 열	기록할 록	소리 음	논할 론	글월 문

머무를 류	배울 학	법 법	법칙 률	찰 만	필 개	피 혈	혈관 맥

털 모	가죽 피	기를 목	마당 장	이을 련	맺을 결	여러 렬	강할 강

기록할 기	기록할 록	법 규	법칙 율	찰 만	만족할 족	산 산	줄기 맥

털 모	뿌리 근	기를 목	아이 동

예문으로 한자어 익히기 (한자로 쓰인 단어의 뜻을 써보세요.)

1. 오늘 경기도 이겨 連勝 행진이 계속되고 있다.

2. 통로를 빠져나가 객차와 객차의 連結 부분에 있는 승강구 벽에 기대어 섰다.

3. 뉴스는 사실의 羅列만으로 되는 것이 아니라 구성 작업도 중요하다.

4. 우리는 한때 列強의 침략을 받았다.

5. 錄音이 잘되어 소리가 선명하게 들렸다.

6. 記錄을 남기다.

7. 그는 요즘 論文 준비로 바쁘다.

8. 어머니는 留學을 보낸 아들을 항상 보고 싶어 하신다.

9. 판사는 法律에 따라 공정한 재판을 하려고 노력했다.

10. 기숙사 생활을 위해서는 정해진 規律을 지켜야 한다.

11. 사월 하순이면 벚꽃이 滿開해 꽃놀이하러 고궁이나 공원을 찾는 사람들이 많다.

12. 추위만 웬만큼 가릴 수 있다면 그것으로 그는 아주 滿足이었다.

13. 血脈을 잇다.

14. 태백산맥은 우리나라 최장의 山脈이다.

15. 겨울철에는 毛皮로 만든 외투가 따뜻하다.

16. 머리카락의 毛根을 이용하여 모발을 이식한다.

17. 파란 풀이 끝없이 깔려 있는 牧場에 소들이 한가롭게 풀을 뜯고 있다.

18. 牧童이 소를 몰고 온다.

61 務 9획	力	창(矛)으로 적을 **치는**(攵) 것처럼 **힘**(力)써 하는 일
		矛(창 모) 攵(칠 복) 力(힘 력)
힘쓸 일	무	• 休務(휴무) : 집무를 쉼 • 業務(업무) : 맡아서 하는 일

62 武 4획	止	**하나**(一)같이 **주살**(弋)을 들고 **그쳐**(止) 있는 **군사**
		一(한 일) 弋(주살 익) 止(그칠 지) *弋(주살 익)을 戈(창 과)로 쓰는 경우가 많으니 주의하세요.
군사 무기	무	• 武力(무력) : 군사상의 힘 • 武器(무기) : 전쟁에 쓰이는 기구를 통틀어 이르는 말

63 未 1획	木	**일**(一)년 된 **나무**(木)라 아직 **아니** 자랐으니
		一(한 일) 木(나무 목) *未(아닐 미)는 위가 짧고, 末(끝 말)은 위가 깁니다.
아닐	미	• 未定(미정) : 아직 결정하지 못함 • 未來(미래) : 아직 오지 않은 앞날

64 味 5획	口	**입**(口)이 **아니면**(未) 맛볼 수 없으니
		口(입 구) 未(아닐 미)
맛	미	• 甘味(감미) : 단맛 • 別味(별미) : 특별히 좋은 맛

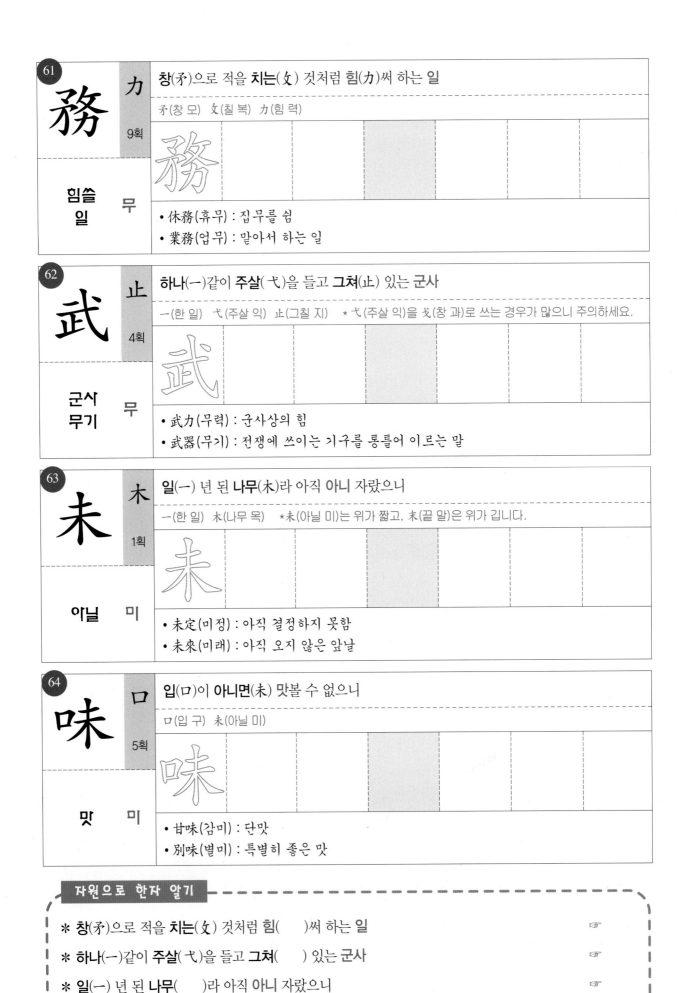

자원으로 한자 알기

* **창**(矛)으로 적을 **치는**(攵) 것처럼 **힘**(   )써 하는 일 ☞

* **하나**(一)같이 **주살**(弋)을 들고 **그쳐**(   ) 있는 **군사** ☞

* **일**(一)년 된 **나무**(   )라 아직 **아니** 자랐으니 ☞

* **입**(   )이 **아니면**(未) 맛볼 수 없으니 ☞

65 密	宀 8획	집(宀)을 떠나 **반드시(必) 산(山)**에 숨어든 까닭은 비밀이 있으니
		宀(집 면) 必(반드시 필) 山(산 산)
비밀 빽빽할 밀		• 密計(밀계) : 비밀한 꾀 • 密林(밀림) : 빽빽한 숲

66 博	十 10획	**많은(十)** 것을 **크게(甫) 마디마디(寸)** 널리 아니
		十(많을 십) 一(한 일) 丶(점 주) 用(쓸 용) 寸(마디 촌)
넓을 박		*甫(클 보) : 한 일(一)과 점(丶)은 쓰임(用)이 크니 • 博識(박식) : 지식이 넓고 아는 것이 많음

67 防	阝 4획	**언덕(阝)**에서 **사방(方)**으로 쳐들어오는 적을 막으니
		阝(언덕 부) 方(사방 방)
막을 방		• 防水(방수) : 물이 새는 것을 막음 • 防音(방음) : 시끄러운 소리를 막음

68 訪	言 4획	**말(言)**하여 **사방(方)**으로 찾으니
		言(말씀 언) 方(사방 방)
찾을 방		• 訪問(방문) : 남을 찾아 봄 • 訪韓(방한) : 한국을 방문함

자원으로 한자 알기

* 집(   )을 떠나 **반드시(必) 산(山)**에 숨어든 까닭은 비밀이 있으니   ☞

* 많은(   ) 것을 **크게(甫) 마디마디(寸)** 널리 아니   ☞

* 언덕(   )에서 **사방(方)**으로 쳐들어오는 적을 막으니   ☞

* 말(   )하여 **사방(方)**으로 찾으니   ☞

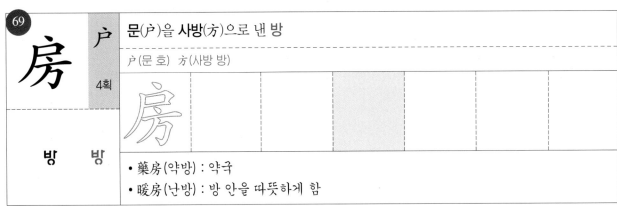

69 房 방 방	戸 4획	문(戸)을 **사방**(方)으로 낸 방
		戸(문 호) 方(사방 방)
		房
		• 藥房(약방) : 약국 • 暖房(난방) : 방 안을 따뜻하게 함

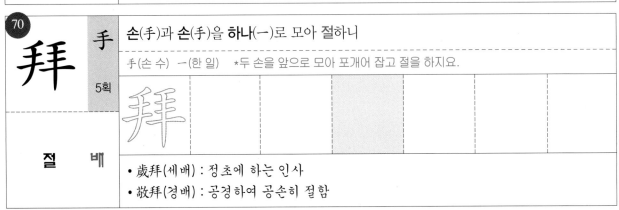

70 拜 절 배	手 5획	손(手)과 손(手)을 **하나**(一)로 모아 절하니
		手(손 수) 一(한 일) *두 손을 앞으로 모아 포개어 잡고 절을 하지요.
		拜
		• 歲拜(세배) : 정초에 하는 인사 • 敬拜(경배) : 공경하여 공손히 절함

자원으로 한자 알기

* 문(   )을 **사방**(方)으로 낸 방   ☞

* 손(   )과 손(手)을 **하나**(一)로 모아 절하니   ☞

一思多得

63 未(아닐 미) 末(끝 말) 잘 구별하세요.

未(아닐 미) : **일**(一) 년 된 **나무**(木)라 아직 **아니** 자랐으니
末(끝 말) : **하늘**(一)에 닿을 듯한 **나무**(木)의 끝

65 密(비밀 밀) 案(책상 안) 잘 구별하세요.

密(비밀 밀) : **집**(宀)을 떠나 **반드시**(必) **산**(山)에 숨어든 까닭은 **비밀**이 있으니
案(책상 안) : **편안히**(安) 책을 볼 수 있도록 **나무**(木)로 만든 **책상**에서 **생각**하니

阝	+		=	防(막을 방)	**언덕**(阝)에서 **사방**(方)으로 쳐들어오는 적을 막으니
言	+	方	=	訪(찾을 방)	**말**(言)하여 **사방**(方)으로 찾으니

다음 한자를 나누고 **자원**을 쓰면서 익히세요.

務
힘쓸 무
= [ ] + [ ] + [ ]

武
군사 무
= [ ] + [ ] + [ ]

未
아닐 미
= [ ] + [ ]

味
맛 미
= [ ] + [ ]

密
비밀 밀
= [ ] + [ ] + [ ]

博
넓을 박
= [ ] + [ ] + [ ]

防
막을 방
= [ ] + [ ]

訪
찾을 방
= [ ] + [ ]

房
방 방
= [ ] + [ ]

拜
절 배
= [ ] + [ ] + [ ]

다음 한자어의 **독음**을 쓰세요.

休 務	業 務	武 力	武 器
未 定	未 來	甘 味	別 味
密 計	密 林	博 識	防 水
防 音	訪 問	訪 韓	藥 房
暖 房	歲 拜	敬 拜	

 다음 한자어를 **한자**로 쓰세요.

쉴 휴	일 무	군사 무	힘 력	아닐 미	정할 정	달 감	맛 미
비밀 밀	꾀 계	넓을 박	알 식	막을 방	물 수	찾을 방	방문할 문
약 약	방 방	해 세	절 배	일 업	일 무	무기 무	도구 기
아닐 미	올 래	다를 별	맛 미	빽빽할 밀	수풀 림	막을 방	소리 음
찾을 방	한국 한	따뜻할 난	방 방	공경할 경	절 배		

① 우리 회사는 토요일에 격주로 休務한다.

② 사무 자동화로 여러 가지 業務를 신속하고 효율적으로 수행할 수 있게 되었다.

③ 두 나라는 武力으로 맞서 싸웠다.

④ 군인은 항상 武器를 잘 관리해야 한다.

⑤ 소설은 다 써 놓았지만, 제목은 아직 未定이다.

⑥ 어린이는 우리 未來의 꿈이다.

⑦ 초콜렛의 부드럽고 甘味로운 맛을 여성들이 좋아한다.

⑧ 그 집 순두부찌개 맛은 別味이다.

⑨ 그들이 꾸민 密計는 철저히 비밀에 부쳐졌다.

⑩ 이 지역은 높은 기온과 많은 강수량으로 식물의 성장이 왕성하여 열대 密林이 무성하다.

⑪ 나는 식물에 그만큼 博識하고 애정이 깊은 이를 본 적이 없다.

⑫ 지붕이 防水가 제대로 되지 않아서 빗물이 샌다.

⑬ 이 건물은 防音이 잘되지 않아 옆방에서 나는 작은 소리까지 다 들린다.

⑭ 해외 동포의 모국 訪問을 환영합니다.

⑮ 뉴스에서 외국 대통령의 訪韓 기사를 보도했다.

⑯ 藥房에서 감기약을 사 먹었다.

⑰ 이 방은 暖房이 되지 않아 겨울엔 사용하지 않는다.

⑱ 우리는 새해 첫날 부모님께 歲拜를 올렸다.

⑲ 신께 敬拜를 드리다.

71 背 등 배반할 배	月 5획	달아나려고(北) 몸(月)을 등지고 배반하니
		北(북녘 북, 달아날 배) 月(몸 월)
		背
		• 背景(배경) : 뒷 경치 • 背信(배신) : 믿음을 저버림

72 配 나눌 짝 배	酉 3획	술(酉)을 자기(己)와 나누어 마시는 짝
		酉(술 유) 己(몸 기, 자기 기) *전통 혼례식에서는 신랑 신부가 서로 잔을 바꾸어 술을 마시죠.
		配
		• 配給(배급) : 나누어 줌 • 配食(배식) : 식사를 나누어 줌

73 伐 벨 칠 벌	亻 4획	사람(亻)이 창(戈)으로 적을 베고 치니
		亻(사람 인) 戈(창 과)
		伐
		• 伐木(벌목) : 나무를 벰 • 北伐(북벌) : 북쪽을 토벌하는 일

74 罰 벌할 벌	罒 9획	법망(罒)에 걸린 자를 말(言)과 칼(刂)로 벌하니
		罒(법망 망) 言(말씀 언) 刂(칼 도) *죄인을 말로 훈계하거나 칼로 베어 벌한다는 뜻입니다.
		罰
		• 賞罰(상벌) : 상과 벌 • 罰金(벌금) : 범죄의 처벌로 부과하는 돈

자원으로 한자 알기

* 달아나려고(北) 몸(　　)을 등지고 배반하니　　　☞

* 술(　　)을 자기(己)와 나누어 마시는 짝　　　☞

* 사람(　　)이 창(戈)으로 적을 베고 치니　　　☞

* 법망(　　)에 걸린 자를 말(言)과 칼(刂)로 벌하니　　　☞

75 壁 13획	土	지붕(尸) 아래 입구(口)를 내고 고생(辛)하며 흙(土)으로 쌓은 벽
		尸(지붕 시) 口(어귀 구) 辛(고생 신) 土(흙 토)
벽 벽		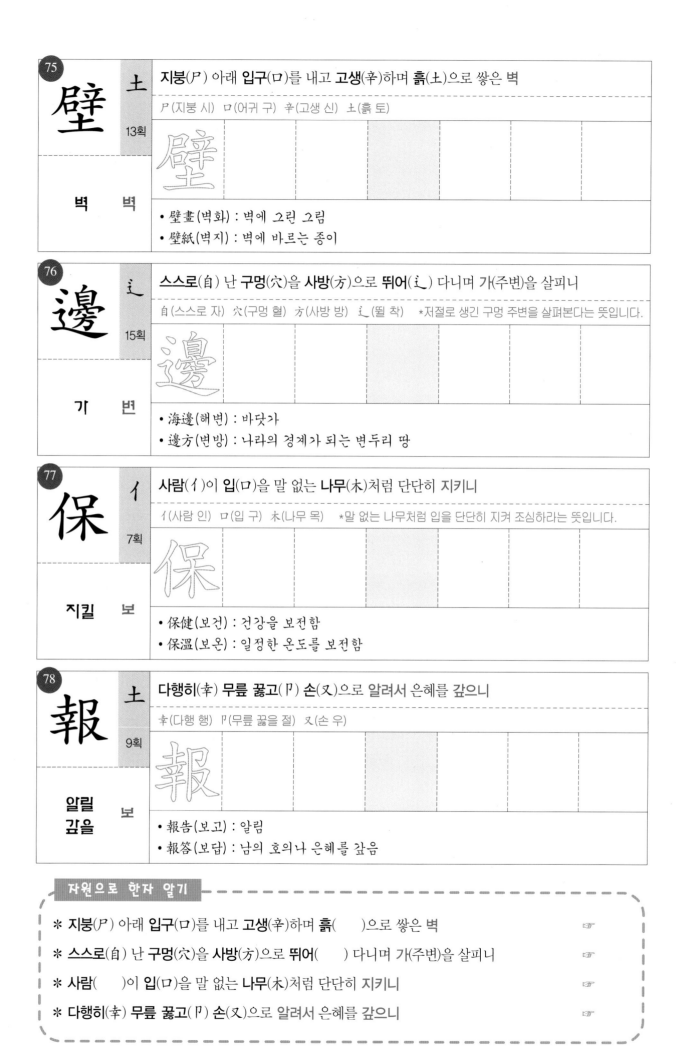
		• 壁畵(벽화) : 벽에 그린 그림
		• 壁紙(벽지) : 벽에 바르는 종이

76 邊 15획	辶	스스로(自) 난 구멍(穴)을 사방(方)으로 뛰어(辶) 다니며 가(주변)을 살피니
		自(스스로 자) 穴(구멍 혈) 方(사방 방) 辶(뛸 착) *저절로 생긴 구멍 주변을 살펴본다는 뜻입니다.
가 변		
		• 海邊(해변) : 바닷가
		• 邊方(변방) : 나라의 경계가 되는 변두리 땅

77 保 7획	亻	사람(亻)이 입(口)을 말 없는 나무(木)처럼 단단히 지키니
		亻(사람 인) 口(입 구) 木(나무 목) *말 없는 나무처럼 입을 단단히 지켜 조심하라는 뜻입니다.
지킬 보		
		• 保健(보건) : 건강을 보전함
		• 保溫(보온) : 일정한 온도를 보전함

78 報 9획	土	다행히(幸) 무릎 꿇고(卩) 손(又)으로 알려서 은혜를 갚으니
		幸(다행 행) 卩(무릎 꿇을 절) 又(손 우)
알릴 갚을 보		
		• 報告(보고) : 알림
		• 報答(보답) : 남의 호의나 은혜를 갚음

자원으로 한자 알기

* 지붕(尸) 아래 입구(口)를 내고 고생(辛)하며 흙(   )으로 쌓은 벽 ☞

* 스스로(自) 난 구멍(穴)을 사방(方)으로 뛰어(   ) 다니며 가(주변)을 살피니 ☞

* 사람(   )이 입(口)을 말 없는 나무(木)처럼 단단히 지키니 ☞

* 다행히(幸) 무릎 꿇고(卩) 손(又)으로 알려서 은혜를 갚으니 ☞

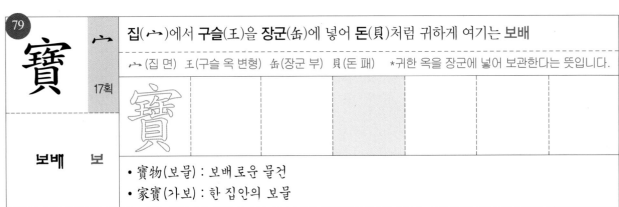

79 寶 17획 보배 보	宀	집(宀)에서 **구슬**(王)을 장군(缶)에 넣어 **돈**(貝)처럼 귀하게 여기는 **보배**
		宀(집 면) 王(구슬 옥 변형) 缶(장군 부) 貝(돈 패) *귀한 옥을 장군에 넣어 보관한다는 뜻입니다.

• 寶物(보물) : 보배로운 물건
• 家寶(가보) : 한 집안의 보물

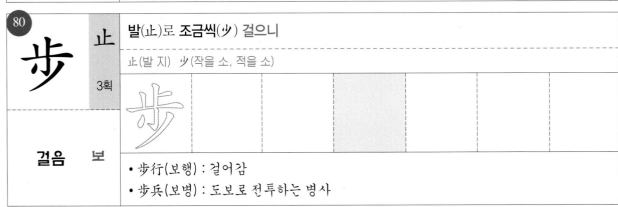

80 步 3획 걸음 보	止	발(止)로 **조금씩**(少) 걸으니
		止(발 지) 少(작을 소, 적을 소)

• 步行(보행) : 걸어감
• 步兵(보병) : 도보로 전투하는 병사

자원으로 한자 알기

* 집(   )에서 **구슬**(王)을 장군(缶)에 넣어 **돈**(貝)처럼 귀하게 여기는 **보배**   ☞

* 발(   )로 **조금씩**(少) 걸으니   ☞

一思多得

走	+		=	起(일어날 기)	달리려고(走) **몸**(己)을 세워 **일어나니**
酉	+	己	=	配(나눌 배)	술(酉)을 **자기**(己)와 나누어 마시는 **짝**

	+	弋	=	代(대신할 대)	**사람**(亻)이 할 일을 **주살**(弋)로 대신하니
亻	+	戈	=	伐(칠 벌)	**사람**(亻)이 **창**(戈)으로 적을 베고 치니

78 報(알릴 보, 갚을 보) 服(복종할 복) 잘 구별하세요.

報(알릴 보, 갚을 보) : 다행히(幸) **무릎 꿇고**(卩) 손(又)으로 알려서 은혜를 갚으니

服(복종할 복) : 달(月) 아래 **무릎 꿇고**(卩) 손(又)을 짚고 복종하니

背 = □ + □
등 배

配 = □ + □
나눌 배

伐 = □ + □
칠 벌

罰 = □ + □ + □
벌할 벌

壁 = □ + □ + □ + □
벽 벽

邊 = □ + □ + □ + □
가 변

保 = □ + □ + □
지킬 보

報 = □ + □ + □
알릴 보

寶 = □ + □ + □ + □
보배 보

步 = □ + □
걸음 보

다음 한자어의 **독음**을 쓰세요.

背 景	背 信	配 給	配 食
伐 木	北 伐	賞 罰	罰 金
壁 畫	壁 紙	海 邊	邊 方
保 健	保 溫	報 告	報 答
寶 物	家 寶	步 行	步 兵

 다음 한자어를 **한자**로 쓰세요.

등 배	경치 경	나눌 배	줄 급	벨 벌	나무 목	상줄 상	벌할 벌
벽 벽	그림 화	바다 해	가 변	지킬 보	건강할 건	알릴 보	알릴 고
보배 보	물건 물	걸음 보	다닐 행	배반할 배	믿을 신	나눌 배	밥 식
북녘 북	칠 벌	벌할 벌	돈 금	벽 벽	종이 지	가 변	곳 방
지킬 보	따뜻할 온	갚을 보	갚을 답	집 가	보배 보	걸음 보	병사 병

78

① **背景**이 좋은 곳에서 사진을 찍자.

② 독립 운동가는 동지의 **背信**으로 체포되었다.

③ 자원봉사자들은 이재민들에게 생필품을 **配給**해 주었다.

④ 사흘 동안에 **配食**이라곤 주먹밥 한 덩이뿐이었다.

⑤ 무분별한 **伐木**으로 산림 훼손이 심각하다.

⑥ 고구려 광개토대왕은 **北伐** 정책으로 영토를 확장하였다.

⑦ 장군은 사사로운 정에 얽매이지 않고 **賞罰**을 엄격하게 하여 부하들로부터 존경을 받았다.

⑧ 모임에 늦게 온 사람은 앞으로 **罰金**을 물어야 한다.

⑨ 고구려의 **壁畫**에서는 고구려인의 생동하는 기상을 엿볼 수 있다.

⑩ 방안을 새 **壁紙**로 도배하였다.

⑪ 방풍림인 해송이 긴 띠처럼 드리워진 **海邊**을 거닐었다.

⑫ 북쪽 **邊方** 오랑캐가 침입하였다.

⑬ 겨울철 독감 예방을 위해 **保健** 교육을 실시하였다.

⑭ **保溫** 도시락에 점심을 쌌다.

⑮ 사건에 대한 **報告**가 상부에 들어갔다.

⑯ 그는 아무런 **報答**도 바라지 않고 그녀에게 도움을 주었다.

⑰ 놀부는 흥부네처럼 박 속에서 온갖 **寶物**이 쏟아지기를 기대하며 박을 탔다.

⑱ 대대로 내려오는 집안의 **家寶**로 삼다.

⑲ 공사 관계로 **步行**에 불편을 드려 죄송합니다.

⑳ 그 군대는 **步兵** 십만, 기병 이만이다.

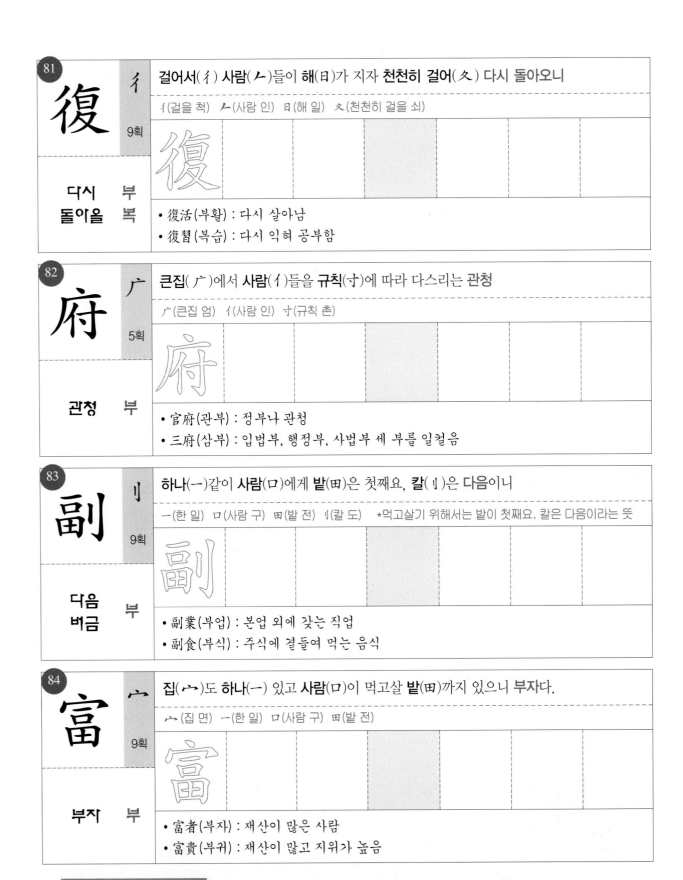

81	復	彳 9획	걸어서(彳) 사람(ㅅ)들이 해(日)가 지자 천천히 걸어(夂) 다시 돌아오니
			彳(걸을 척) ㅅ(사람 인) 日(해 일) 夂(천천히 걸을 쇠)
	다시 부 돌아올 복		• 復活(부활) : 다시 살아남 • 復習(복습) : 다시 익혀 공부함

82	府	广 5획	큰집(广)에서 사람(亻)들을 규칙(寸)에 따라 다스리는 관청
			广(큰집 엄) 亻(사람 인) 寸(규칙 촌)
	관청 부		• 官府(관부) : 정부나 관청 • 三府(삼부) : 입법부, 행정부, 사법부 세 부를 일컬음

83	副	刂 9획	하나(一)같이 사람(口)에게 밭(田)은 첫째요, 칼(刂)은 다음이니
			一(한 일) 口(사람 구) 田(밭 전) 刂(칼 도) *먹고살기 위해서는 밭이 첫째요, 칼은 다음이라는 뜻
	다음 부 버금		• 副業(부업) : 본업 외에 갖는 직업 • 副食(부식) : 주식에 곁들여 먹는 음식

84	富	宀 9획	집(宀)도 하나(一) 있고 사람(口)이 먹고살 밭(田)까지 있으니 부자다.
			宀(집 면) 一(한 일) 口(사람 구) 田(밭 전)
	부자 부		• 富者(부자) : 재산이 많은 사람 • 富貴(부귀) : 재산이 많고 지위가 높음

자원으로 한자 알기

* 걸어서( ) 사람(ㅅ)들이 해(日)가 지자 천천히 걸어(夂) 다시 돌아오니 ☞

* 큰집( )에서 사람(亻)들을 규칙(寸)에 따라 다스리는 관청 ☞

* 하나(一)같이 사람(口)에게 밭(田)은 첫째요, 칼( )은 다음이니 ☞

* 집( )도 하나(一) 있고 사람(口)이 먹고살 밭(田)까지 있으니 부자다. ☞

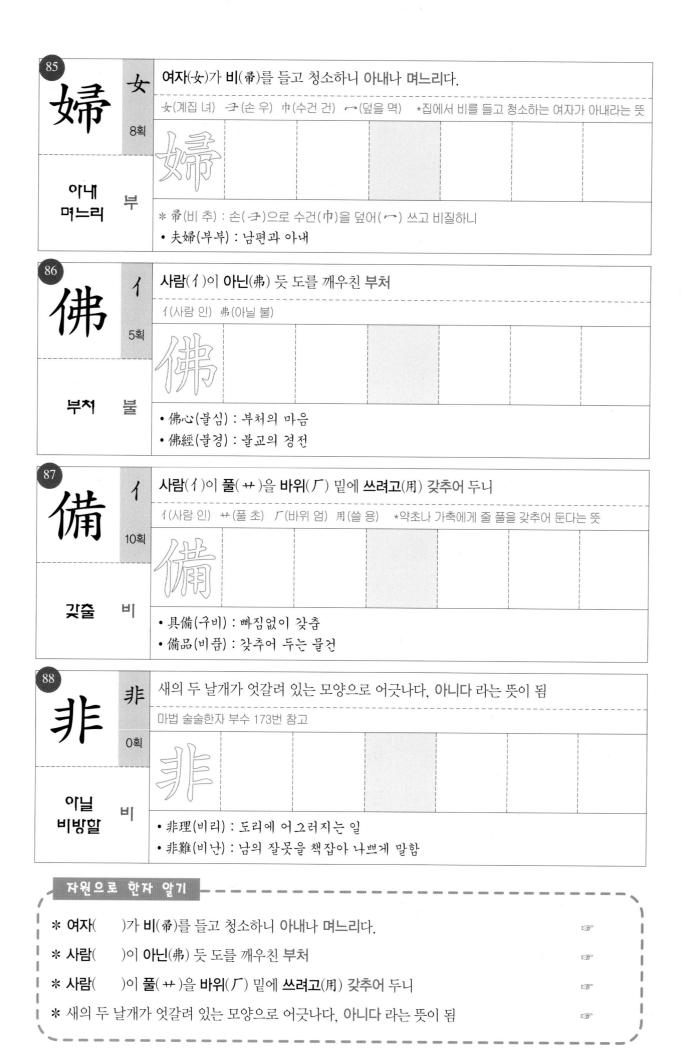

85 婦 女 8획	여자(女)가 비(帚)를 들고 청소하니 **아내**나 **며느리**다.
	女(계집 녀) ⺕(손 우) 巾(수건 건) ⼍(덮을 멱) *집에서 비를 들고 청소하는 여자가 아내라는 뜻
아내 며느리 부	* 帚(비 추) : 손(⺕)으로 수건(巾)을 덮어(⼍) 쓰고 비질하니 • 夫婦(부부) : 남편과 아내

86 佛 亻 5획	사람(亻)이 **아닌**(弗) 듯 도를 깨우친 **부처**
	亻(사람 인) 弗(아닐 불)
부처 불	• 佛心(불심) : 부처의 마음 • 佛經(불경) : 불교의 경전

87 備 亻 10획	사람(亻)이 풀(艹)을 바위(厂) 밑에 **쓰려고**(用) 갖추어 두니
	亻(사람 인) 艹(풀 초) 厂(바위 엄) 用(쓸 용) *약초나 가축에게 줄 풀을 갖추어 둔다는 뜻
갖출 비	• 具備(구비) : 빠짐없이 갖춤 • 備品(비품) : 갖추어 두는 물건

88 非 非 0획	새의 두 날개가 엇갈려 있는 모양으로 어긋나다, **아니다** 라는 뜻이 됨
	마법 술술한자 부수 173번 참고
아닐 비방할 비	• 非理(비리) : 도리에 어그러지는 일 • 非難(비난) : 남의 잘못을 책잡아 나쁘게 말함

자원으로 한자 알기

* 여자(   )가 비(帚)를 들고 청소하니 **아내**나 **며느리**다.   ☞

* 사람(   )이 **아닌**(弗) 듯 도를 깨우친 **부처**   ☞

* 사람(   )이 풀(艹)을 바위(厂) 밑에 **쓰려고**(用) 갖추어 두니   ☞

* 새의 두 날개가 엇갈려 있는 모양으로 어긋나다, **아니다** 라는 뜻이 됨   ☞

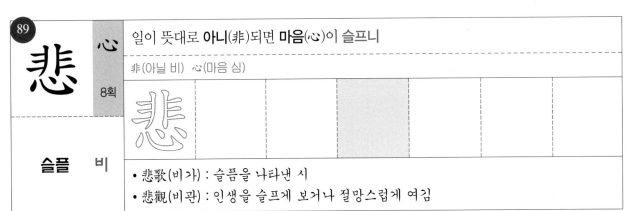

89 悲 8획	心	일이 뜻대로 **아니**(非)되면 **마음**(心)이 슬프니
		非(아닐 비) 心(마음 심)
슬플 비		• 悲歌(비가) : 슬픔을 나타낸 시 • 悲觀(비관) : 인생을 슬프게 보거나 절망스럽게 여김

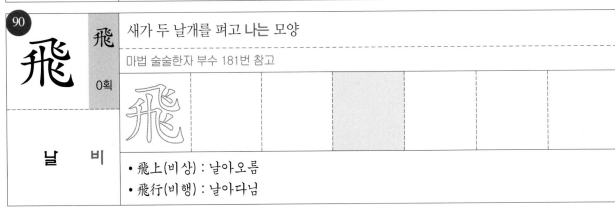

90 飛 0획	飛	새가 두 날개를 펴고 **나는** 모양
		마법 술술한자 부수 181번 참고
날 비		• 飛上(비상) : 날아오름 • 飛行(비행) : 날아다님

자원으로 한자 알기

＊ 일이 뜻대로 **아니**(非)되면 **마음**(   )이 슬프니   ☞

＊ 새가 두 날개를 펴고 **나는** 모양   ☞

一思多得

广	+ 黃 = 廣(넓을 광)	큰집(广)을 지을 정도로 **누런**(黃) 땅이 넓으니
	+ 卜 口 = 店(가게 점)	큰집(广)에서 **점치듯**(卜) **입**(口)으로 말하며 물건을 파는 가게
	+ 予 = 序(차례 서)	큰집(广)에서 **내**(予) 차례를 기다리니
	+ 隶 = 康(편안할 강)	큰집(广)에 **이르러**(隶) 편안하게 쉬니
	+ 亻 寸 = 府(관청 부)	큰집(广)에서 **사람**(亻)들을 **규칙**(寸)에 따라 다스리는 관청

 다음 한자를 나누고 **자원**을 쓰면서 익히세요.

復 = ☐ + ☐ + ☐ + ☐
다시 부

府 = ☐ + ☐ + ☐
관청 부

副 = ☐ + ☐ + ☐ + ☐
다음 부

富 = ☐ + ☐ + ☐ + ☐
부자 부

婦 = ☐ + ☐
아내 부

佛 = ☐ + ☐
부처 불

備 = ☐ + ☐ + ☐ + ☐
갖출 비

非 =
아닐 비

悲 = ☐ + ☐
슬플 비

飛 =
날 비

다음 한자어의 **독음**을 쓰세요.

復 活	復 習	官 府	三 府
副 業	副 食	富 者	富 貴
夫 婦	佛 心	佛 經	具 備
備 品	非 理	非 難	悲 歌
悲 觀	飛 上	飛 行	

다음 한자어를 **한자**로 쓰세요.

다시 부	살 활	관청 관	관청 부	버금 부	일 업	부자 부	사람 자
남편 부	아내 부	부처 불	마음 심	갖출 구	갖출 비	아닐 비	이치 리
슬플 비	노래 가	날 비	오를 상	회복할 복	익힐 습	석 삼	관청 부
버금 부	음식 식	부자 부	귀할 귀	부처 불	글 경	갖출 비	물건 품
비방할 비	나무랄 난	슬플 비	볼 관	날 비	다닐 행		

84

1️⃣ 십자가에 못 박혀 세상을 떠난 예수님은 자신의 예언대로 사흘 만에 **復活**하였다.

2️⃣ 선생님은 내일 시험을 볼 테니 **復習**을 꼭 해 오라고 하셨다.

3️⃣ 군마로 **官府**를 범한 자는 때를 기다리지 말고 목 베라.

4️⃣ 식장에는 **三府** 요인이 한자리에 다 모여 앉아 있었다.

5️⃣ 농사 외에 **副業**으로 소를 기른다.

6️⃣ 학교 식당에서 **副食**으로 닭고기튀김이 나왔다.

7️⃣ 그는 수십억대의 재산을 가진 **富者**이지만 검소하게 산다.

8️⃣ **富貴**와 빈천은 언제까지든지 그대로 있는 것은 아닙니다.

9️⃣ 그들은 동네에서 사이좋기로 소문난 **夫婦**이다.

🔟 유교가 국교로 정해지면서 온갖 탄압을 받았지만 그들의 **佛心**은 쉬 꺾이지 않았다.

⓫ 그는 소리 내어 **佛經**을 읽었다.

⓬ 후보자들은 **具備** 서류를 모두 갖추어 등록 신청을 하였다.

⓭ 책상과 의자 외엔 별다른 **備品**이 없는 사무실 안은 초겨울같이 썰렁했다.

⓮ **非理**를 저지른 후보자들은 모두 당선이 취소되었다.

⓯ 부실 공사를 한 건설 회사에 **非難**이 쏟아졌다.

⓰ 그녀의 넋두리는 한 자락 **悲歌**처럼 듣는 이의 가슴을 아프게 했다.

⓱ 자기를 책하되 **悲觀** 또는 실망에 그치고 마는 일은 삼가야 한다.

⓲ 높은 곳을 향해 **飛上**하는 새처럼 꿈을 크게 가져라.

⓳ 그 새는 공중을 향해 수직 **飛行**으로 날아오르기 시작하였다.

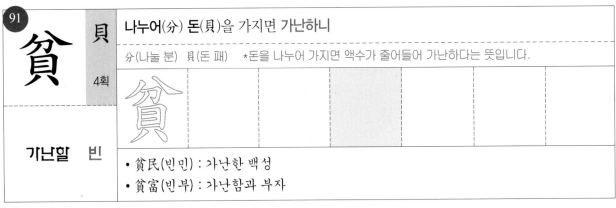

91 貧 | 貝 4획 | 나누어(分) 돈(貝)을 가지면 **가난하니**

分(나눌 분) 貝(돈 패) *돈을 나누어 가지면 액수가 줄어들어 가난하다는 뜻입니다.

가난할 빈

- 貧民(빈민) : 가난한 백성
- 貧富(빈부) : 가난함과 부자

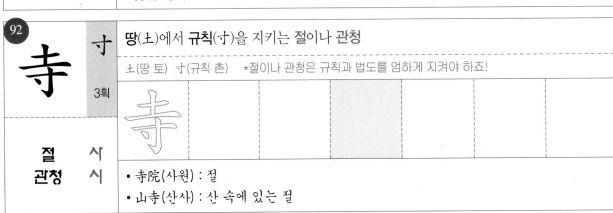

92 寺 | 寸 3획 | 땅(土)에서 **규칙(寸)**을 지키는 **절이나 관청**

土(땅 토) 寸(규칙 촌) *절이나 관청은 규칙과 법도를 엄하게 지켜야 하죠!

절 사
관청 시

- 寺院(사원) : 절
- 山寺(산사) : 산 속에 있는 절

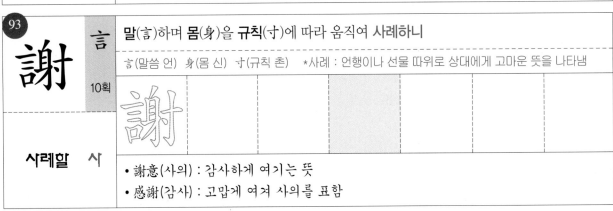

93 謝 | 言 10획 | 말(言)하며 **몸(身)**을 **규칙(寸)**에 따라 움직여 **사례하니**

言(말씀 언) 身(몸 신) 寸(규칙 촌) *사례 : 언행이나 선물 따위로 상대에게 고마운 뜻을 나타냄

사례할 사

- 謝意(사의) : 감사하게 여기는 뜻
- 感謝(감사) : 고맙게 여겨 사의를 표함

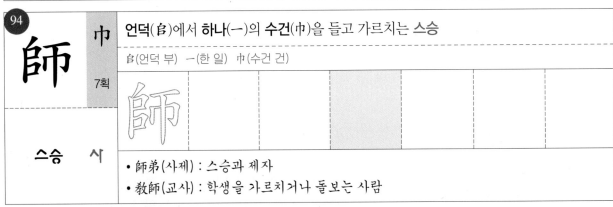

94 師 | 巾 7획 | 언덕(自)에서 **하나(一)**의 **수건(巾)**을 들고 가르치는 **스승**

自(언덕 부) 一(한 일) 巾(수건 건)

스승 사

- 師弟(사제) : 스승과 제자
- 教師(교사) : 학생을 가르치거나 돌보는 사람

자원으로 한자 알기

* 나누어(分) 돈(　　　)을 가지면 **가난하니**

* 땅(土)에서 **규칙(　　　)**을 지키는 **절이나 관청**

* 말(　　　)하며 **몸(身)**을 **규칙(寸)**에 따라 움직여 **사례하니**

* 언덕(自)에서 **하나(一)**의 **수건(　　　)**을 들고 가르치는 **스승**

95	舌	사람(人)은 하나(一)같이 오래(古) 살 집을 원하니						
舍	2획	人(사람 인) 一(한 일) 古(오랠 고)						
집	사	• 舍監(사감) : 기숙사의 감독자 • 官舍(관사) : 관리가 살도록 관청에서 지은 집						

96	殳	부러진(乂) 나무(木)로 찍고(丶) 쳐(殳) 죽이니						
殺	7획	乂(안 좋다는 뜻) 木(나무 목) 丶(점 주) 殳(칠 수)						
죽일 감할	살 쇄	• 殺蟲(살충) : 벌레를 죽임 • 相殺(상쇄) : 상반되는 것이 서로 영향을 주어 효과가 없어지는 일						

97	巾	잘 보이도록 높은(尙) 곳에 헝겊(巾)을 항상 달아두니						
常	8획	尙(높을 상) 巾(헝겊 건) *헝겊으로 깃발을 만들어 잘 보이도록 높은 곳에 항상 달아둔다는 뜻						
항상	상	• 常用(상용) : 일반적으로 사용함 • 常識(상식) : 일반적인 지식이나 판단력						

98	广	큰집(广)에서 나무(木)로 만든 평상						
床	4획	广(큰집 엄) 木(나무 목) *평상 : 앉거나 드러누워 쉴 수 있도록 만든 것						
평상	상	• 病床(병상) : 병자가 눕는 침상 • 起床(기상) : 잠자리에서 일어남						

자원으로 한자 알기

✽ 사람(人)은 하나(一)같이 오래(古) 살 집을 원하니　　　　　　　☞

✽ 부러진(乂) 나무(木)로 찍고(丶) 쳐(　) 죽이니　　　　　　　☞

✽ 잘 보이도록 높은(尙) 곳에 헝겊(　)을 항상 달아두니　　　　☞

✽ 큰집(　)에서 나무(木)로 만든 평상　　　　　　　　　　　☞

99 想	心	서로(相) 마음(心)으로 생각하니					
	9획	相(서로 상) 心(마음 심)					
		想					
생각	상	• 想念(상념) : 마음에 떠오르는 생각 • 空想(공상) : 이루어질 수 없는 헛된 생각					

100 狀	犬	장수(爿)처럼 용맹한 개(犬)의 형상					
	4획	爿(장수 장) 犬(개 견)					
		狀					
형상 문서	상 장	• 形狀(형상) : 사물의 생긴 모양이나 상태 • 賞狀(상장) : 상으로 주는 문서					

 자원으로 한자 알기

＊ 서로(相) 마음( )으로 생각하니

＊ 장수(爿)처럼 용맹한 개( )의 형상

一思多得

尚	+	土	=	堂(집 당)	높게(尚) 땅(土)에 지은 집
	+	田	=	當(마땅 당)	높은(尚) 곳에 밭(田)농사를 짓는 것이 마땅하니
	+	貝	=	賞(상줄 상)	공이 높은(尚) 자에게 돈(貝)을 주어 상주니
	+	黑	=	黨(무리 당)	높은(尚) 곳에 사는 검은(黑) 무리들
	+	巾	=	常(항상 상)	잘 보이도록 높은(尚) 곳에 헝겊(巾)을 항상 달아두니

广	+	亻 寸	=	府(관청 부)	큰집(广)에서 사람(亻)들을 규칙(寸)에 따라 다스리는 관청
	+	木	=	床(평상 상)	큰집(广)에서 나무(木)로 만든 평상

貧
가난할 빈
= ☐ + ☐

寺
절 사
= ☐ + ☐

謝
사례할 사
= ☐ + ☐ + ☐

師
스승 사
= ☐ + ☐ + ☐

舍
집 사
= ☐ + ☐ + ☐

殺
죽일 살
= ☐ + ☐ + ☐ + ☐

常
항상 상
= ☐ + ☐

床
평상 상
= ☐ + ☐

想
생각 상
= ☐ + ☐

狀
형상 상
= ☐ + ☐

貧 民	貧 富	寺 院	山 寺
謝 意	感 謝	師 弟	教 師
舍 監	官 舍	殺 蟲	相 殺
常 用	常 識	病 床	起 床
想 念	空 想	形 狀	賞 狀

 다음 한자어를 **한자**로 쓰세요.

가난할 빈	백성 민	절 사	집 원	사례할 사	뜻 의	스승 사	제자 제
집 사	살필 감	죽일 살	벌레 충	항상 상	쓸 용	병 병	평상 상
생각 상	생각 념	모양 형	형상 상	가난할 빈	부자 부	산 산	절 사
고마울 감	사례할 사	가르칠 교	스승 사	관청 관	집 사	서로 상	감할 쇄
항상 상	알 식	일어날 기	평상 상	헛될 공	생각 상	상줄 상	문서 장

1 부잣집을 털어 **貧民**에게 나눠 주는 의적들이 있었으니 이들이 곧 활빈당이었다.

2 현대 사회에서 가장 시급한 과제는 **貧富**의 불균형을 줄이는 일이다.

3 어머니는 유명하다는 **寺院**을 찾아 백일기도를 드렸다.

4 **山寺**에 칩거하다.

5 심심한 **謝意**를 표하다.

6 어버이날을 맞아 선물을 준비하여 부모님께 **感謝**의 마음을 전했다.

7 **師弟** 관계

8 외국어를 가르치기 위해 원어민 **教師**를 초빙하였다.

9 그 여학교의 기숙사 **舍監**은 엄격하기로 소문이 났다.

10 총장 **官舍**

11 과수원 아저씨께서 **殺蟲**을 위해 낙엽을 태워 버리는 것이 좋다고 한다.

12 이번 사건으로 과거 불미스러웠던 일을 **相殺**한 셈이다.

13 학생들 사이에 **常用**되는 말을 살펴보면 그들의 문화를 이해할 수 있다.

14 학자로서 그가 한 행동은 **常識** 밖의 것이었다.

15 그는 중병으로 **病床**에 눕게 되었다.

16 기상나팔 소리에 사병들은 하나 둘씩 **起床**을 시작했다.

17 그는 의자에 앉아 한동안 **想念**에 잠겨 있었다.

18 난 지금 그런 쓸데없는 **空想**이나 하고 있을 만큼 한가하지 않다.

19 만일 조금만 더 밀리면 바다에 빠질 **形狀**이다.

20 그의 방에는 각종 경기에서 탄 **賞狀**과 메달이 전시되어 있었다.

51. **수레**(車)를 끌고 **뛰어**( ) 잇따르니 ☞

52. **죽은**(歹) 짐승의 살을 **칼**( )로 갈라 벌리니 ☞

53. **쇠**( )에 글을 **새겨**(彖) 기록하니 ☞

54. **말**( )하여 **모여**(侖) 논의하니 ☞

55. **토끼**(刀)가 **밭**( )에 머무르니 ☞

56. **걸어가**( ) 현지 실정에 맞게 **붓**(聿)으로 기록한 법 ☞

57. **물**( )을 **풀**(艹)에 주려고 **두**(兩) 그릇에 가득 **채우니** ☞

58. **몸**( )속에 **바위**(厂) 밑의 **뿌리**(氏)처럼 사방으로 뻗어 있는 혈관 ☞

59. **끈**(丿)처럼 **두**(二) 날개에서 펄럭이는 **새**(乚)의 털 ☞

60. **소**( )를 **쳐**(攵) 기르니 ☞

61. **창**(矛)으로 적을 **치는**(攵) 것처럼 **힘**( )써 하는 일 ☞

62. **하나**(一)같이 **주살**(弋)을 들고 **그쳐**( ) 있는 군사 ☞

63. **일**(一) 년 된 **나무**( )라 아직 **아니** 자랐으니 ☞

64. **입**( )이 **아니면**(未) 맛볼 수 없으니 ☞

65. **집**( )을 떠나 **반드시**(必) **산**(山)에 숨어든 까닭은 비밀이 있으니 ☞

66. **많은**( ) 것을 **크게**(甫) 마디**마디**(寸) 널리 아니 ☞

67. **언덕**( )에서 **사방**(方)으로 쳐들어오는 적을 막으니 ☞

68. **말**( )하여 **사방**(方)으로 찾으니 ☞

69. **문**( )을 **사방**(方)으로 낸 방 ☞

70. **손**( )과 **손**(手)을 **하나**(一)로 모아 절하니 ☞

71. **달아나려고**(北) **몸**( )을 등지고 배반하니 ☞

72. **술**( )을 **자기**(己)와 나누어 마시는 짝 ☞

73. **사람**( )이 **창**(戈)으로 적을 베고 치니 ☞

74. **법망**( )에 걸린 자를 **말**(言)과 **칼**(刂)로 벌하니 ☞

75. **지붕**(尸) 아래 **입구**(口)를 내고 **고생**(辛)하며 **흙**( )으로 쌓은 벽 ☞

76. 스스로(自) 난 구멍(穴)을 사방(方)으로 뛰어(   ) 다니며 가(주변)을 살피니 ☞

77. 사람(   )이 입(口)을 말 없는 나무(木)처럼 단단히 지키니 ☞

78. 다행히(幸) 무릎 꿇고(卩) 손(又)으로 알려서 은혜를 갚으니 ☞

79. 집(   )에서 구슬(王)을 장군(缶)에 넣어 돈(貝)처럼 귀하게 여기는 보배 ☞

80. 발(   )로 조금씩(少) 걸으니 ☞

81. 걸어서(   ) 사람(八)들이 해(日)가 지자 천천히 걸어(夂) 다시 돌아오니 ☞

82. 큰집(   )에서 사람(亻)들을 규칙(寸)에 따라 다스리는 관청 ☞

83. 하나(一)같이 사람(口)에게 밭(田)은 첫째요, 칼(   )은 다음이니 ☞

84. 집(   )도 하나(一) 있고 사람(口)이 먹고살 밭(田)까지 있으니 부자다. ☞

85. 여자(   )가 비(帚)를 들고 청소하니 아내나 며느리다. ☞

86. 사람(   )이 아닌(弗) 듯 도를 깨우친 부처 ☞

87. 사람(   )이 풀(艹)을 바위(厂) 밑에 쓰려고(用) 갖추어 두니 ☞

88. 새의 두 날개가 엇갈려 있는 모양으로 어긋나다, 아니다 라는 뜻이 됨 ☞

89. 일이 뜻대로 아니(非)되면 마음(   )이 슬프니 ☞

90. 새가 두 날개를 펴고 나는 모양 ☞

91. 나누어(分) 돈(   )을 가지면 가난하니 ☞

92. 땅(土)에서 규칙(   )을 지키는 절이나 관청 ☞

93. 말(   )하며 몸(身)을 규칙(寸)에 따라 움직여 사례하니 ☞

94. 언덕(白)에서 하나(一)의 수건(   )을 들고 가르치는 스승 ☞

95. 사람(人)은 하나(一)같이 오래(古) 살 집을 원하니 ☞

96. 부러진(乂) 나무(木)로 찍고(丶) 쳐(   ) 죽이니 ☞

97. 잘 보이도록 높은(尚) 곳에 헝겊(   )을 항상 달아두니 ☞

98. 큰집(   )에서 나무(木)로 만든 평상 ☞

99. 서로(相) 마음(   )으로 생각하니 ☞

100. 장수(쉬)처럼 용맹한 개(   )의 형상 ☞

連	列	錄	論	留	律	滿
脈	毛	牧	務	武	未	味
密	博	防		訪	房	拜
背	配				伐	罰
壁						邊
保	報				寶	步
復	府	副		富	婦	佛
備	非	悲	飛	貧	寺	謝
師	舍	殺	常	床	想	狀

4Ⅱ 51-100번
형성평가

다음 뜻과 음을 지닌 **한자**를 쓰세요.

이을 련	벌릴 렬	기록할 록	논할 론	머무를 류	법칙 률	찰 만
혈관 맥	털 모	기를 목	힘쓸 무	군사 무	아닐 미	맛 미
빽빽할 밀	넓을 박	막을 방		찾을 방	방 방	절 배
등 배	나눌 배				칠 벌	벌할 벌
			4Ⅱ 51-100번 형성평가			
벽 벽						가 변
지킬 보	알릴 보				보배 보	걸음 보
다시 부	관청 부	버금 부		부자 부	아내 부	부처 불
갖출 비	아닐 비	슬플 비	날 비	가난할 빈	절 사	사례할 사
스승 사	집 사	죽일 살	항상 상	평상 상	생각 상	형상 상

101	言 4획	말(言)로 **치고**(殳) 자기주장만 **베풀어 세우니**
設		言(말씀 언) 殳(칠 수) *남의 말은 듣지 않고 자기 말만 하여 주장한다는 뜻입니다.
베풀 세울 설		設
		• 設計(설계) : 계획을 세움
		• 建設(건설) : 건물, 설비, 시설 따위를 만들어 세움

102	言 7획	말(言)한 것을 **이루려고**(成) 정성을 다하니
誠		言(말씀 언) 成(이룰 성)
정성 성		誠
		• 誠實(성실) : 정성스럽고 참됨
		• 誠金(성금) : 정성으로 내는 돈

103	土 7획	흙(土)을 쌓아 **이룬**(成) 성
城		土(흙 토) 成(이룰 성) *성 : 적을 막기 위하여 흙이나 돌 따위로 높이 쌓아 만든 담
성 성		城
		• 都城(도성) : 서울
		• 城壁(성벽) : 성의 벽

104	皿 7획	음식을 **만들어**(成) **그릇**(皿)에 풍성하게 쌓으니
盛		成(이룰 성) 皿(그릇 명) *성하다 : 기운이나 세력이 한창 왕성하다.
성할 성		盛
		• 盛業(성업) : 사업이 번창함
		• 盛大(성대) : 아주 성하고 큼

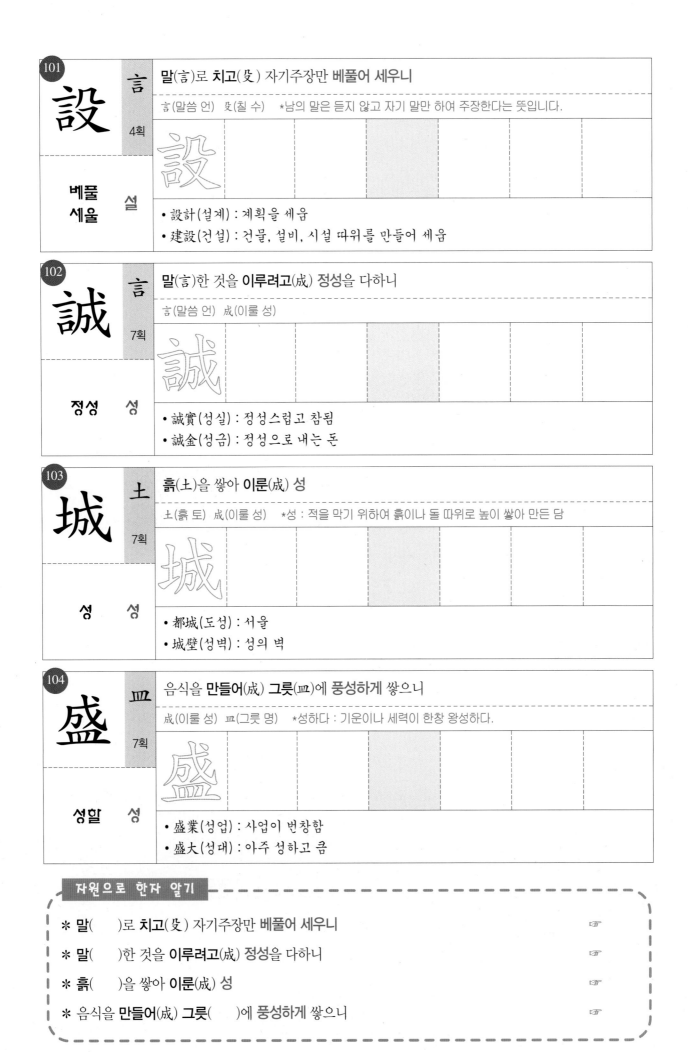

자원으로 한자 알기

* 말(　　)로 **치고**(殳) 자기주장만 베풀어 세우니　　　☞
* 말(　　)한 것을 **이루려고**(成) 정성을 다하니　　　☞
* 흙(　　)을 쌓아 **이룬**(成) 성　　　☞
* 음식을 만들어(成) **그릇**(　　)에 풍성하게 쌓으니　　　☞

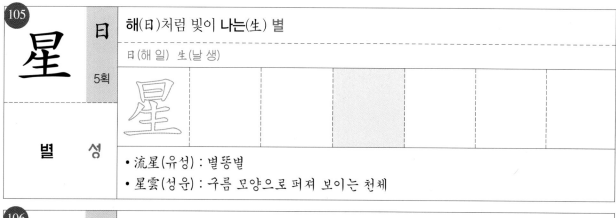

105 星	日 5획	해(日)처럼 빛이 나는(生) 별
		日(해 일) 生(날 생)
별 성		星
		• 流星(유성) : 별똥별 • 星雲(성운) : 구름 모양으로 퍼져 보이는 천체

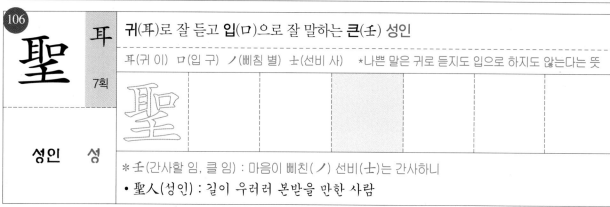

106 聖	耳 7획	귀(耳)로 잘 듣고 입(口)으로 잘 말하는 큰(壬) 성인
		耳(귀 이) 口(입 구) 丿(삐침 별) 士(선비 사) *나쁜 말은 귀로 듣지도 입으로 하지도 않는다는 뜻
성인 성		聖
		*壬(간사할 임, 클 임) : 마음이 삐친(丿) 선비(士)는 간사하니 • 聖人(성인) : 길이 우러러 본받을 만한 사람

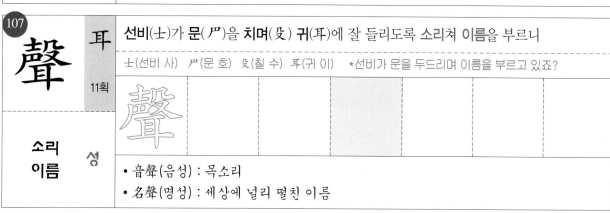

107 聲	耳 11획	선비(士)가 문(尸)을 치며(殳) 귀(耳)에 잘 들리도록 소리쳐 이름을 부르니
		士(선비 사) 尸(문 호) 殳(칠 수) 耳(귀 이) *선비가 문을 두드리며 이름을 부르고 있죠?
소리 이름 성		聲
		• 音聲(음성) : 목소리 • 名聲(명성) : 세상에 널리 떨친 이름

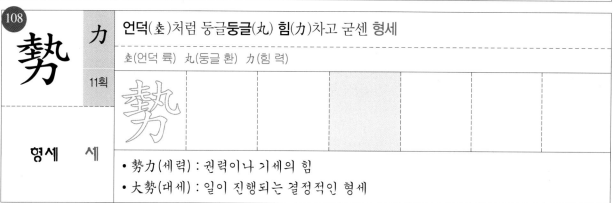

108 勢	力 11획	언덕(坴)처럼 둥글둥글(丸) 힘(力)차고 군센 형세
		坴(언덕 륙) 丸(둥글 환) 力(힘 력)
형세 세		勢
		• 勢力(세력) : 권력이나 기세의 힘 • 大勢(대세) : 일이 진행되는 결정적인 형세

자원으로 한자 알기

* 해(　　)처럼 빛이 나는(生) 별　　　　　　　　　　　　　　　☞

* 귀(　　)로 잘 듣고 입(口)으로 잘 말하는 큰(壬) 성인　　　☞

* 선비(士)가 문(尸)을 치며(殳) 귀(　　)에 잘 들리도록 소리쳐 이름을 부르니　☞

* 언덕(坴)처럼 둥글둥글(丸) 힘(　　)차고 군센 형세　　　　☞

109 税 7획	禾	벼(禾)로 **바꾸어**(兑) 내는 세금
		禾(벼 화) 兑(바꿀 태)　*옛날에는 화폐 대신 벼로 세금을 내었다고 합니다.
		税							
세금　세		• 課稅(과세) : 세금을 부과함
		• 稅金(세금) : 국가나 공공단체가 조세로서 징수하는 돈

110 細 5획	糸	실(糸)처럼 밭(田)두둑이 길고 **가늘다.**
		糸(실 사) 田(밭 전)　*두둑 : 논이나 밭 가장자리에 경계를 이룰 수 있도록 두두룩하게 만든 것
		細							
가늘　세		• 細分(세분) : 가늘게 나눔
		• 細密(세밀) : 세세하고 꼼꼼함

자원으로 한자 알기

* 벼(　　)로 **바꾸어**(兑) 내는 세금　　　　　　　　　　　　☞
* 실(　　)처럼 **밭**(田)두둑이 길고 **가늘다.**　　　　　　　☞

一思多得

言	+		=	誠(정성 성)	말(言)한 것을 **이루려고**(成) 정성을 다하니
土	+	成	=	城(성 성)	흙(土)을 쌓아 **이룬**(成) 성

言	+	兑	=	說(말씀 설)	말(言)을 **바꾸어**(兑) 말씀하여 달래니
	+	殳	=	設(베풀 설)	말(言)로 **치고**(殳) 자기주장만 베풀어 세우니

坴 丸	+	灬	=	熱(더울 열)	언덕(坴)에 **둥글게**(丸) 모여 앉아 불(灬)을 때니 덥다.
	+	力	=	勢(형세 세)	언덕(坴)처럼 둥글둥글(丸) 힘(力)차고 굳센 형세

言	+	兑	=	說(말씀 설)	말(言)을 **바꾸어**(兑) 말씀하여 달래니
禾	+		=	稅(세금 세)	벼(禾)로 **바꾸어**(兑) 내는 세금

設 = [ ] + [ ]
베풀 설

誠 = [ ] + [ ]
정성 성

城 = [ ] + [ ]
성 성

盛 = [ ] + [ ]
성할 성

星 = [ ] + [ ]
별 성

聖 = [ ] + [ ] + [ ]
성인 성

聲 = [ ] + [ ] + [ ] + [ ]
소리 성

勢 = [ ] + [ ] + [ ]
형세 세

稅 = [ ] + [ ]
세금 세

細 = [ ] + [ ]
가늘 세

다음 한자어의 **독음**을 쓰세요.

設 計	建 設	誠 實	誠 金
都 城	城 壁	盛 業	盛 大
流 星	星 雲	聖 人	音 聲
名 聲	勢 力	大 勢	課 稅
稅 金	細 分	細 密	

 다음 한자어를 **한자**로 쓰세요.

세울 설	계획 계	정성 성	참될 실	도읍 도	성 성	성할 성	일 업
흐를 류	별 성	성인 성	사람 인	소리 음	소리 성	기세 세	힘 력
부과할 과	세금 세	가늘 세	나눌 분	세울 건	세울 설	정성 성	돈 금
성 성	벽 벽	성할 성	큰 대	별 성	구름 운	이름날 명	이름 성
큰 대	형세 세	세금 세	돈 금	가늘 세	빽빽할 밀		

100

① 내 인생은 내 스스로 **設計**하고 싶다.

② 댐 **建設**로 우리 마을이 물에 잠기었다.

③ 상인은 신용과 **誠實**을 바탕으로 상도덕을 지켜야 한다.

④ 바자회의 수익금은 모두 수재민 구호 **誠金**으로 사용할 계획이다.

⑤ 임금에 대한 나쁜 소문이 온 **都城** 안에 퍼졌고 이내 대궐로 들어갔다.

⑥ 성문 안쪽에는 절벽 같은 **城壁**이 푸른 들을 가로질러 기다랗게 수원시를 에워쌌다.

⑦ 목이 좋았던 그 이발소는 그런대로 **盛業**이었다.

⑧ **盛大**한 연회를 베풀었다.

⑨ 산 너머 쪽으로 **流星**이 떨어지고 있었다.

⑩ **星雲**은 기체와 작은 고체 입자로 구성되어 있다.

⑪ 공자님은 **聖人**이다.

⑫ 감기로 **音聲**이 변하다.

⑬ 그는 청빈함으로 **名聲**이 자자하다.

⑭ **勢力**을 강화하다.

⑮ **大勢**는 이미 우리에게 유리하게 바뀌었다.

⑯ 연금 저축에서 발생한 소득에 대해서는 이자 소득세를 **課稅**한다.

⑰ **稅金**을 부과하다.

⑱ 둘로 나누고 다시 **細分**했다.

⑲ 인물의 성격을 **細密**하게 묘사하다.

111 掃 8획	扌	손(扌)에 비(帚)를 들고 쓰니
		扌(손 수) 帚(비 추)
쓸 소		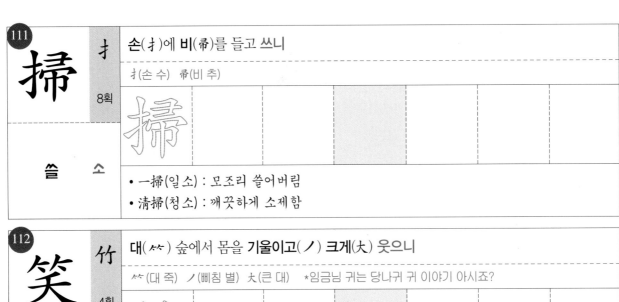
		• 一掃(일소) : 모조리 쓸어버림
		• 淸掃(청소) : 깨끗하게 소제함

112 笑 4획	竹	대(竹) 숲에서 몸을 기울이고(丿) 크게(大) 웃으니
		竹(대 죽) 丿(삐침 별) 大(큰 대) *임금님 귀는 당나귀 귀 이야기 아시죠?
웃음 소		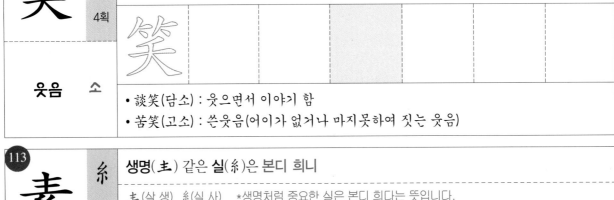
		• 談笑(담소) : 웃으면서 이야기 함
		• 苦笑(고소) : 쓴웃음(어이가 없거나 마지못하여 짓는 웃음)

113 素 4획	糸	생명(生) 같은 실(糸)은 본디 희니
		生(살 생) 糸(실 사) *생명처럼 중요한 실은 본디 희다는 뜻입니다.
본디 힐 소		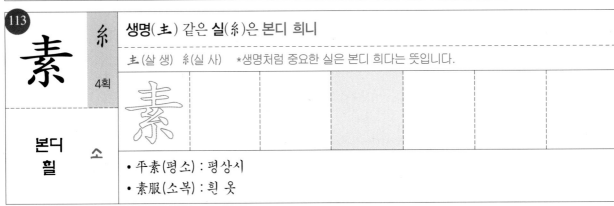
		• 平素(평소) : 평상시
		• 素服(소복) : 흰 옷

114 俗 7획	亻	사람(亻)들이 골짜기(谷)에서 풍속을 지키며 사니
		亻(사람 인) 谷(골짜기 곡) *골짜기에 모여 풍속을 지키며 산다는 뜻입니다.
풍속 속		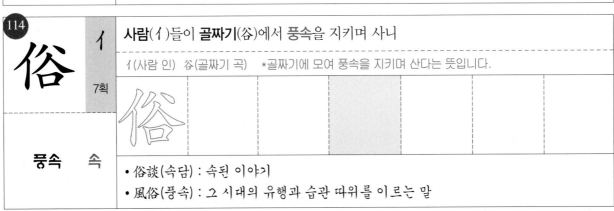
		• 俗談(속담) : 속된 이야기
		• 風俗(풍속) : 그 시대의 유행과 습관 따위를 이르는 말

자원으로 한자 알기

* 손(　　)에 비(帚)를 들고 쓰니 ☞

* 대(　　) 숲에서 몸을 기울이고(丿) 크게(大) 웃으니 ☞

* 생명(生) 같은 실(　　)은 본디 희니 ☞

* 사람(　　)들이 골짜기(谷)에서 풍속을 지키며 사니 ☞

115 續 15획 이을 속	糸	실(糸)을 팔려고(賣) 이으니
		糸(실 사) 賣(팔 매)

續

- 續行(속행) : 계속하여 행함
- 連續(연속) : 끊이지 않고 죽 이음

116 送 6획 보낼 송	辶	팔(八)방으로 하늘(天)의 뜻을 따라 뛰어(辶) 보내니
		八(여덟 팔) 天(하늘 천) 辶(뛸 착)

送

- 送別(송별) : 이별하여 보냄
- 運送(운송) : 물건을 운반하여 보냄

117 修 8획 닦을 수	亻	아득히(攸) 긴 터럭(彡)을 닦으니
		亻(사람 인) 丨(송곳 곤) 攵(칠 복) 彡(터럭 삼)

修

- *攸(아득할 유) : 사람(亻)이 송곳(丨) 같은 지팡이로 땅을 치며(攵) 아득히 멀어지니
- 修行(수행) : 행실, 학문, 기예를 닦음

118 守 3획 지킬 수	宀	집(宀)에서는 촌수(寸)를 지키니
		宀(집 면) 寸(촌수 촌)

守

- 固守(고수) : 굳게 지킴
- 守備(수비) : 지키어 방비함

자원으로 한자 알기

* 실(　　)을 팔려고(賣) 이으니　　　☞
* 팔(八)방으로 하늘(天)의 뜻을 따라 뛰어(　　) 보내니　　　☞
* 아득히(攸) 긴 터럭(彡)을 닦으니　　　☞
* 집(　　)에서는 촌수(寸)를 지키니　　　☞

119 受 6획 받을 수	又	손(爫)으로 덮어(冖) 또(又) 받으니
		爫(손톱 조) 冖(덮을 멱) 又(또 우)
		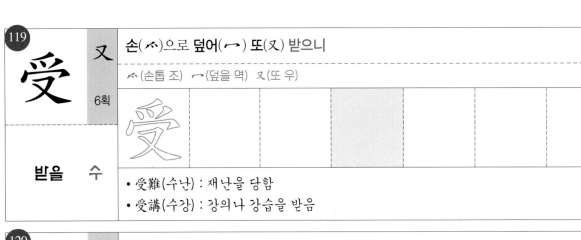
		• 受難(수난) : 재난을 당함 • 受講(수강) : 강의나 강습을 받음

120 授 8획 줄 수	扌	손(扌)으로 받으라고(受) 주니
		扌(손 수) 受(받을 수)

		• 授賞(수상) : 상을 줌 • 授業(수업) : 지식이나 기술을 가르쳐 줌

자원으로 한자 알기

* 손(爫)으로 덮어(冖) 또( ) 받으니   ☞

* 손( )으로 받으라고(受) 주니   ☞

一思多得

女	+		=	婦(아내 부)	여자(女)가 비(帚)를 들고 청소하니 아내나 며느리다.
扌	+	帚	=	掃(쓸 소)	손(扌)에 비(帚)를 들고 쓰니

主	+	貝	=	責(꾸짖을 책)	생명(主) 같은 돈(貝)을 어쨌냐고 꾸짖으며 책임을 물으니
	+	糸	=	素(본디 소)	생명(主) 같은 실(糸)은 본디 희니

氵	+	谷	=	浴(목욕할 욕)	물(氵)이 있는 골짜기(谷)에서 목욕하니
亻	+		=	俗(풍속 속)	사람(亻)들이 골짜기(谷)에서 풍속을 지키며 사니

言	+	賣	=	讀(읽을 독)	말(言)을 팔려고(賣) 책을 많이 읽으니
糸	+		=	續(이을 속)	실(糸)을 팔려고(賣) 이으니

다음 한자를 나누고 **자원**을 쓰면서 익히세요.

掃
쓸 소
= ☐ + ☐

笑
웃음 소
= ☐ + ☐ + ☐

素
본디 소
= ☐ + ☐

俗
풍속 속
= ☐ + ☐

續
이을 속
= ☐ + ☐

送
보낼 송
= ☐ + ☐ + ☐

修
닦을 수
= ☐ + ☐

守
지킬 수
= ☐ + ☐

受
받을 수
= ☐ + ☐ + ☐

授
줄 수
= ☐ + ☐

一 掃	淸 掃	談 笑	苦 笑
平 素	素 服	俗 談	風 俗
續 行	連 續	送 別	運 送
修 行	固 守	守 備	受 難
受 講	授 賞	授 業	

 다음 한자어를 **한자**로 쓰세요.

모든 일 쓸 소	말씀 담 웃음 소	보통 때 평 평소 소	속될 속 말씀 담
이을 속 행할 행	보낼 송 이별할 별	닦을 수 행할 행	굳을 고 지킬 수
받을 수 재난 난	줄 수 상줄 상	깨끗할 청 쓸 소	쓸 고 웃음 소
흴 소 옷 복	풍속 풍 풍속 속	이을 련 이을 속	옮길 운 보낼 송
지킬 수 예방할 비	받을 수 강론할 강	줄 수 학업 업	

예문으로 **한자어** 익히기 (한자로 쓰인 단어의 뜻을 써보세요.)

1 부정부패를 **一掃**하다.

2 **淸掃**를 끝내다.

3 **談笑**를 나누다.

4 **苦笑**를 금치 못하다.

5 그는 **平素**보다 옷차림에 꽤 신경을 쓴 듯했다.

6 성복제에 참례한 논개는 하얗게 눈이 부신 **素服**을 입었다.

7 세 살 적 버릇이 여든까지 간다는 **俗談**은 결코 헛말이 아니다.

8 혼수를 심하게 따지는 결혼 **風俗**은 사라져야 한다.

9 지난번에 연기된 경기는 이번 주 일요일에 **續行**될 것입니다.

10 비슷한 사건이 **連續**으로 일어났다.

11 이튿날 사은사의 일행은 성대한 **送別**을 받으면서 연경을 향하여 출발하였다.

12 시장은 물자 **運送** 차량으로 붐볐다.

13 **修行**을 쌓다.

14 올해 우리 팀은 선두권 **固守**를 목표로 삼고 있다.

15 공격력이 뛰어난 팀과의 경기에서는 우선 **守備**를 보강해야 한다.

16 그는 지난여름에 홍수로 **受難**을 겪었다.

17 이 과목은 **受講** 인원 미달로 폐강되었다.

18 교장 선생님은 학생에게 **授賞**을 하기 위해 단상으로 올라갔다.

19 김 선생은 일주일에 총 스무 시간을 **授業**한다.

121 收 2획	攵	곡식을 **조각**(丬)으로 **쳐**(攵) 거두니
		丬(조각 장) 攵(칠 복) *콩이나 깨 같은 곡식을 조각으로 쳐서 털어 거둔다는 뜻입니다.
거둘 수		收
		• 收集(수집) : 거두어 모음 • 秋收(추수) : 가을에 곡식을 거두어들임

122 純 4획	糸	때 묻지 않은 **실**(糸)과 **하나**(一)의 **싹**(屯)처럼 깨끗하고 순수하니
		糸(실 사) 一(한 일) 屯(싹 날 철) *흰색의 실과 이제 막 돋아난 새싹처럼 깨끗하고 순수하다는 뜻
순수할 순		純
		• 淸純(청순) : 맑고 순수함 • 純潔(순결) : 순수하고 깨끗함

123 承 4획	手	**아들**(子) **둘**(二)이 흐르는 **물**(水)처럼 뜻을 이어 받드니
		子(아들 자) 二(둘 이) 水(물 수) *받들다 : 가르침이나 명령을 소중히 여기고 따른다.
이을 받들 승		承
		• 傳承(전승) : 계통을 전하여 이어 감 • 承服(승복) : 납득함

124 施 5획	方	**사방**(方)에서 **사람**(人)들이 **또한**(也) 인정을 베푸니
		方(사방 방) 人(사람 인) 也(또한 야)
베풀 시		施
		• 實施(실시) : 실제로 시행함 • 施賞(시상) : 상품이나 상금을 줌

자원으로 한자 알기

∗ 곡식을 **조각**(丬)으로 **쳐**(   ) 거두니　　　　　　　☞

∗ 때 묻지 않은 **실**(   )과 **하나**(一)의 **싹**(屯)처럼 깨끗하고 순수하니　　☞

∗ **아들**(子) **둘**(二)이 흐르는 **물**(水)처럼 뜻을 이어 받드니　　　☞

∗ **사방**(   )에서 **사람**(人)들이 **또한**(也) 인정을 베푸니　　　☞

125 是 옳을 이 시	日 5획	해(日)처럼 **아래(下)**에서 **사람(人)**들이 밝고 옳게 사니
		日(해 일) 下(아래 하) 人(사람 인)
		(是 연습칸)
		• 是非(시비) : 옳음과 그름 • 是正(시정) : 잘못된 것을 바로잡음

126 視 살필 시	見 5획	신(示)이 **보아(見)** 살피니
		示(신 시) 見(볼 견)
		(視 연습칸)
		• 監視(감시) : 주의 깊게 살핌 • 無視(무시) : 눈여겨보지 않음

127 試 시험 시	言 6획	말(言)하여 **법식(式)**에 따라 물어보며 **시험**하니
		言(말씀 언) 式(법 식) *면접이랑 비슷하겠죠?
		(試 연습칸)
		• 入試(입시) : 입학시험 • 試食(시식) : 맛을 시험하기 위하여 먹어봄

128 詩 시 시	言 6획	감정을 말(言)로 표현하여 **절(寺)**처럼 경건하게 읊는 **시**
		言(말씀 언) 寺(절 사) *시 : 감흥과 사상 따위를 함축적이고 운율적인 언어로 표현한 글
		(詩 연습칸)
		• 詩人(시인) : 시를 짓는 사람 • 童詩(동시) : 어린이를 위한 시

자원으로 한자 알기

* 해(   )처럼 **아래(下)**에서 **사람(人)**들이 밝고 옳게 사니　　　☞

* 신(示)이 **보아(   )** 살피니　　　☞

* 말(   )하여 **법식(式)**에 따라 물어보며 **시험**하니　　　☞

* 감정을 말(   )로 표현하여 **절(寺)**처럼 경건하게 읊는 **시**　　　☞

129 息	心 6획	코(自)와 **심장**(心)으로 숨 쉬며 쉬니
		自(코 자) 心(심장 심)
		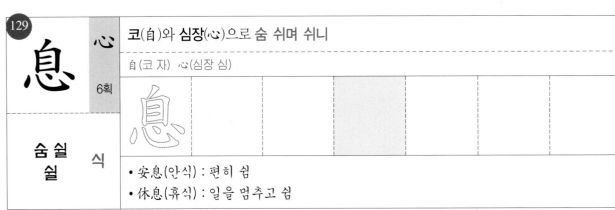
숨 쉴 쉴	식	• 安息(안식) : 편히 쉼 • 休息(휴식) : 일을 멈추고 쉼

130 申	田 0획	**말**(日)을 위·아래로 **뚫어**(丨) 자기주장을 펴 아뢰니
		日(말할 왈) 丨(뚫을 곤)
		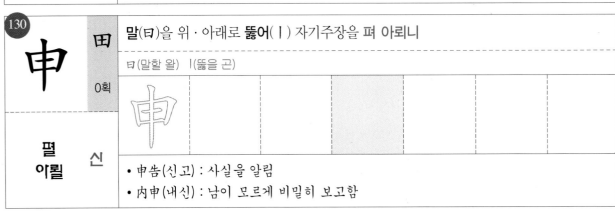
펼 아뢸	신	• 申告(신고) : 사실을 알림 • 内申(내신) : 남이 모르게 비밀히 보고함

자원으로 한자 알기

* 코(自)와 **심장**(　　)으로 숨 쉬며 쉬니　　　☞
* **말**(日)을 위·아래로 **뚫어**(丨) 자기주장을 펴 아뢰니　　　☞

一思多得

⺧	+		=	牧(기를 목)	**소**(⺧)를 **쳐**(攵) 기르니
⺊	+	攵	=	收(거둘 수)	곡식을 **조각**(⺊)으로 **쳐**(攵) 거두니

	+	申	=	神(귀신 신)	**신**(示)처럼 모습을 **펼쳐**(申) 보이는 귀신
示	+	兄	=	祝(빌 축)	**신**(示)에게 **형**(兄)이 소원을 비니
	+	見	=	視(살필 시)	**신**(示)이 **보아**(見) 살피니

日	+		=	時(때 시)	**해**(日)의 위치를 보고 **관청**(寺)에서 때를 알리니
彳	+		=	待(기다릴 대)	**걸어가**(彳) **관청**(寺)에서 차례를 기다리니
⺧	+	寺	=	特(특별할 특)	**소**(⺧)가 **절**(寺)에 있어 특별하니
言	+		=	詩(시 시)	감정을 **말**(言)로 표현하여 **절**(寺)처럼 경건하게 읊는 시

다음 한자를 나누고 **자원**을 쓰면서 익히세요.

收 = □ + □
거둘 수

純 = □ + □ + □
순수할 순

承 = □ + □ + □
이을 승

施 = □ + □ + □
베풀 시

是 = □ + □ + □
옳을 시

視 = □ + □
살필 시

試 = □ + □
시험 시

詩 = □ + □
시 시

息 = □ + □
쉴 식

申 = □ + □
펼 신

다음 한자어의 **독음**을 쓰세요.

收集	秋收	清純	純潔
傳承	承服	實施	施賞
是非	是正	監視	無視
入試	試食	詩人	童詩
安息	休息	申告	内申

 다음 한자어를 **한자**로 쓰세요.

거둘 수	모을 집	맑을 청	순순할 순	전할 전	이을 승	실제 실	베풀 시
옳을 시	아닐 비	살필 감	살필 시	들 입	시험 시	시 시	사람 인
편안할 안	쉴 식	아뢸 신	알릴 고	가을 추	거둘 수	순수할 순	깨끗할 결
받들 승	복종할 복	베풀 시	상줄 상	옳을 시	바를 정	없을 무	살필 시
시험 시	먹을 식	아이 동	시 시	쉴 휴	쉴 식	비밀히 내	아뢸 신

1 나의 취미는 우표 **收集**이다.

2 **秋收**를 끝낸 훤한 논밭으로 바람은 막힐 것 없이 시원스레 불고 있다.

3 앳되고 **淸純**한 얼굴이 맘에 쏙 들었다.

4 그들의 신앙은 너무나 뜨거웠고 간절하고 **純潔**했다.

5 그 민요는 사람들의 입에서 입으로 **傳承**되어 왔다.

6 그 선수는 심판의 판정에 끝내 **承服**하지 않았다.

7 선거를 **實施**하였다.

8 사장은 우수 사원에 대한 **施賞** 계획을 발표하였다.

9 둘은 사소한 **是非** 끝에 주먹다짐까지 벌였다.

10 우리는 이 문제의 **是正**을 위해 노력을 기울여야 한다.

11 한 죄수가 **監視**가 소홀한 틈을 타 도망쳤다.

12 신호등을 **無視**하고 길을 건너다.

13 **入試** 때가 다가오자 또다시 추워졌다.

14 선생님의 **試食**이 있은 후에야 우리들은 실습한 요리를 먹을 수 있었다.

15 어떻게 보면 모든 시는 넓은 뜻에서 **詩人**들의 자화상이라고도 할 수 있다.

16 어린이의 정서를 읊은 **童詩**를 읽으면 마음이 순수해진다.

17 도시에 찌들었던 그는 고향에서 **安息**을 찾았다.

18 10분 동안 **休息**한 후 다시 훈련을 시작하겠습니다.

19 경찰은 주민의 **申告**를 받고 긴급 출동하였다.

20 교장이 몇몇 교사에 대해 전근 **內申**을 했다.

131 深 8획 깊을 심	氵	물(氵)에 덮여(冖) 사람(儿)과 나무(木)가 보이지 않을 정도로 깊으니
		氵(물 수) 冖(덮을 멱) 儿(걷는 사람 인) 木(나무 목)
		深
		• 深夜(심야) : 깊은 밤 • 深思(심사) : 깊이 생각함

132 眼 6획 눈 안	目	눈(目)구멍에 그쳐(艮) 있는 눈
		目(눈 목) 艮(그칠 간)
		眼
		• 眼球(안구) : 눈알 • 眼目(안목) : 사물을 보고 분별하는 견식

133 暗 9획 어두울 암	日	해(日)가 소리(音)없이 지고 어두우니
		日(해 일) 音(소리 음)
		暗
		• 明暗(명암) : 밝음과 어두움 • 暗黑(암흑) : 어둡고 캄캄함

134 壓 14획 누를 압	土	바위(厂) 밑에서 해(日)와 달(月)을 보며 개(犬)처럼 앉아 땅(土)을 누르니
		厂(바위 엄) 日(해 일) 月(달 월) 犬(개 견) 土(땅 토)
		壓
		• 壓力(압력) : 누르는 힘 • 水壓(수압) : 물의 압력

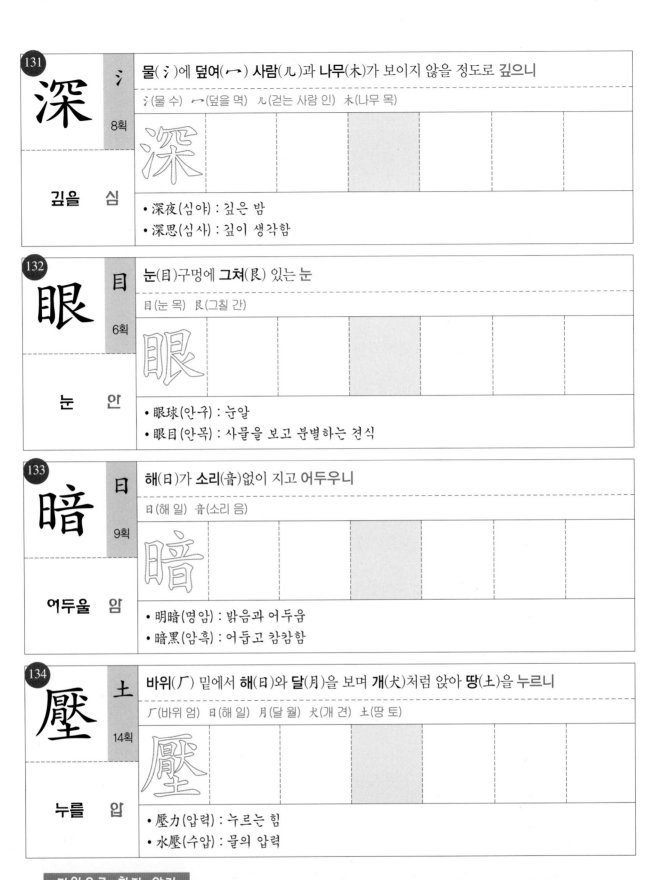

자원으로 한자 알기

＊ 물(　　)에 덮여(冖) 사람(儿)과 나무(木)가 보이지 않을 정도로 깊으니　　☞

＊ 눈(　　)구멍에 그쳐(艮) 있는 눈　　☞

＊ 해(　　)가 소리(音)없이 지고 어두우니　　☞

＊ 바위(厂) 밑에서 해(日)와 달(月)을 보며 개(犬)처럼 앉아 땅(　　)을 누르니　　☞

135 液 즙 액	氵 8획	물(氵)이 밤(夜)처럼 검은 즙
		氵(물 수) 夜(밤 야) *포도즙, 사과즙 아시죠? 즙은 색이 대부분 검죠.
		液
		• 樹液(수액) : 나무즙 • 液體(액체) : 부피는 있으나 일정한 모양이 없는 물질

136 羊 양 양	羊 0획	양의 모양
		마법 술술한자 부수 121번 참고
		羊
		• 羊毛(양모) : 양털 • 山羊(산양) : 산악지대에 사는 양

137 餘 남을 여	食 7획	먹을(𠊊) 것을 남기니(余)
		𠊊(먹을 식) 人(사람 인) 一(한 일) 木(나무 목)
		餘
		*余(남을 여) : 사람(人)들이 하나(一)같이 나무(木) 밑에 남으니 • 餘力(여력) : 남아있는 힘

138 如 같을 여	女 3획	여자(女)가 입(口)으로 같은 말을 하니
		女(계집 녀) 口(입 구)
		如
		• 如一(여일) : 한결같이 • 如前(여전) : 전과 같음

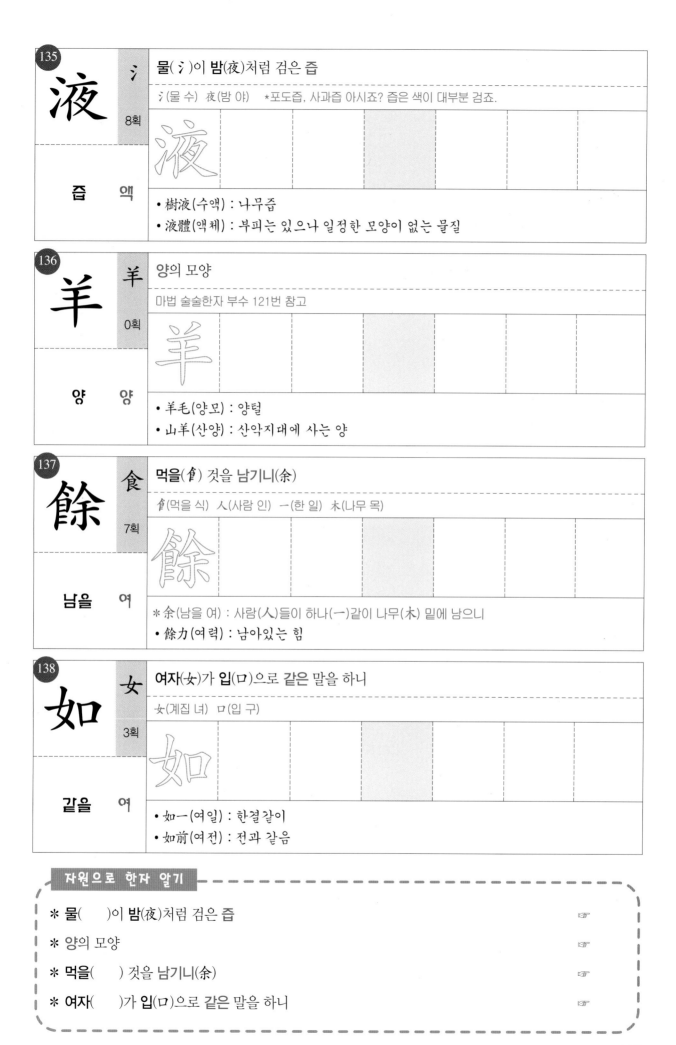

자원으로 한자 알기

＊ 물(　　)이 밤(夜)처럼 검은 즙 　　　　　　　　　　　　☞
＊ 양의 모양 　　　　　　　　　　　　　　　　　　　　☞
＊ 먹을(　　) 것을 남기니(余) 　　　　　　　　　　　　☞
＊ 여자(　　)가 입(口)으로 같은 말을 하니 　　　　　　☞

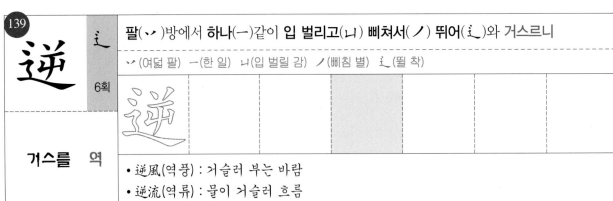

139 逆 거스를 역	辶 6획	팔(丷)방에서 **하나**(一)같이 **입 벌리고**(凵) **삐쳐서**(丿) **뛰어**(辶)와 **거스르니**
		丷(여덟 팔) 一(한 일) 凵(입 벌릴 감) 丿(삐침 별) 辶(뛸 착)

逆

• 逆風(역풍) : 거슬러 부는 바람
• 逆流(역류) : 물이 거슬러 흐름

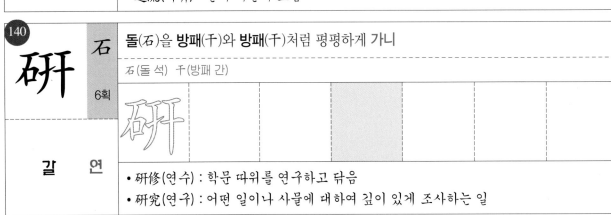

140 研 갈 연	石 6획	**돌**(石)을 **방패**(干)와 **방패**(干)처럼 평평하게 **가니**
		石(돌 석) 干(방패 간)

研

• 研修(연수) : 학문 따위를 연구하고 닦음
• 研究(연구) : 어떤 일이나 사물에 대하여 깊이 있게 조사하는 일

자원으로 한자 알기

＊ 팔(丷)방에서 **하나**(一)같이 **입 벌리고**(凵) **삐쳐서**(丿) **뛰어**(   )와 **거스르니**   ☞

＊ 돌(   )을 **방패**(干)와 **방패**(干)처럼 평평하게 **가니**   ☞

一思多得

木	+		=	根(뿌리 근)	**나무**(木)가 제자리에 **그쳐**(艮) 있는 것은 **뿌리** 때문이니
金	+	艮	=	銀(은 은)	**값어치가 금**(金) 다음에 **그쳐**(艮) 있는 은
丶	+		=	良(어질 량)	**점**(丶) 같은 작은 잘못도 **그치니**(艮) 어질고 좋다.
目	+		=	眼(눈 안)	**눈**(目)구멍에 **그쳐**(艮) 있는 눈

日	+	月	=	明(밝을 명)	**해**(日)와 **달**(月)이 비추면 **밝으니**
	+	音	=	暗(어두울 암)	**해**(日)가 **소리**(音)없이 지고 **어두우니**

다음 한자를 나누고 **자원**을 쓰면서 익히세요.

深 깊을 심 = ☐ + ☐ + ☐ + ☐

眼 눈 안 = ☐ + ☐

暗 어두울 암 = ☐ + ☐

壓 누를 압 = ☐ + ☐ + ☐ + ☐ + ☐

液 즙 액 = ☐ + ☐

羊 양 양 =

餘 남을 여 = ☐ + ☐

如 같을 여 = ☐ + ☐

逆 거스를 역 = ☐ + ☐ + ☐ + ☐ + ☐

研 갈 연 = ☐ + ☐ + ☐

다음 한자어의 **독음**을 쓰세요.

深 夜	深 思	眼 球	眼 目
明 暗	暗 黑	壓 力	水 壓
樹 液	液 體	羊 毛	山 羊
餘 力	如 一	如 前	逆 風
逆 流	硏 修	硏 究	

 다음 한자어를 **한자**로 쓰세요.

깊을심	밤야	눈안	공구	밝을명	어두울암	누를압	힘력
나무수	즙액	양양	털모	남을여	힘력	같을여	한일
거스를역	바람풍	갈연	닦을수	깊을심	생각사	눈안	눈목
어두울암	검을흑	물수	누를압	즙액	물질체	산산	양양
같을여	앞전	거스를역	흐를류	연구할연	연구할구		

예문으로 **한자어** 익히기(한자로 쓰인 단어의 뜻을 써보세요.)

1. **深夜**에도 시내는 불야성을 이루었다.

2. 고개를 그리로 숙이고 **深思**와 묵도를 오래오래 하였다.

3. **眼球** 이식에 성공하여 그 환자는 빛을 되찾았다.

4. 친구는 물건을 고르는 **眼目**이 뛰어나다.

5. 경제가 어려워지면서 업종별로 **明暗**이 뚜렷이 갈리고 있다.

6. 밤이 되면 천지는 **暗黑** 속에 잠긴다.

7. 정치권의 거센 **壓力**에 무릎을 꿇다.

8. 고지대는 **水壓**이 약해 수돗물이 제대로 나오지 않는다.

9. 나뭇가지의 잘린 자리에서 진갈색의 **樹液**이 흘러내렸다.

10. **液體**는 분자나 원자의 간격이 기체보다 좁고, 고체에 비하여 응집력이 약하다.

11. **羊毛**로 짠 스웨터

12. 목동이 **山羊**을 몰고 집으로 돌아오고 있다.

13. 먼저 자신이 건강해야 남을 돌볼 **餘力**도 생긴다.

14. 결혼하라고 주위에서 그렇게 권해도 십여 년을 **如一**하게 홀아비로 늙어 온 외고집이지요.

15. 거리에는 떠들썩한 전쟁 소식에도 불구하고 상점과 행인들이 **如前**하게 소란하고 번잡했다.

16. **逆風**이 불어 항해가 순조롭지 않다.

17. 하수 시설이 제대로 되어 있지 않아서 장마가 지자 하수구의 물이 **逆流**하였다.

18. 운전면허를 따려면 도로에서 실제로 **研修**를 받아야 한다.

19. **研究** 결과를 발표하다.

141 演 氵 11획	물(氵)에서 **범(寅)**처럼 용맹하게 **연기를 펼치니**
	氵(물 수) 宀(집 면) 一(한 일) 由(말미암을 유) 八(여덟 팔)
연기할 떨 연	*寅(범 인) : 집(宀) 하나(一) 없이 자유(由)로이 팔(八)방으로 다니는 범 • 演技(연기) : 배우가 베푸는 재주

142 煙 火 9획	불(火)을 때니 **서쪽(西)에 흙(土)**으로 만든 굴뚝에서 나오는 **연기**
	火(불 화) 西(서녘 서) 土(흙 토)
연기 담배 연	• 煙氣(연기) : 물건이 탈 때에 나는 기체 • 禁煙(금연) : 담배 피우는 것을 금함

143 榮 木 10획	불(火)과 불(火)에 **덮여(冖)** 타오르는 **나무(木)**처럼 **영화로우니**
	火(불 화) 冖(덮을 멱) 木(나무 목) *불에 덮여 활활 타오르는 나무처럼 빛난다는 뜻
영화 영	*榮(영화 영) : 몸이 귀하게 되어 이름이 세상에 빛남 • 榮光(영광) : 빛나는 영예

144 藝 艹 15획	풀(艹) 있는 **언덕(坴)**에서 둥글둥글(丸) **말하는(云) 재주**
	艹(풀 초) 坴(언덕 륙) 丸(둥글 환) 云(말할 운)
재주 예	• 藝能(예능) : 예술과 기능 • 文藝(문예) : 학문과 예술

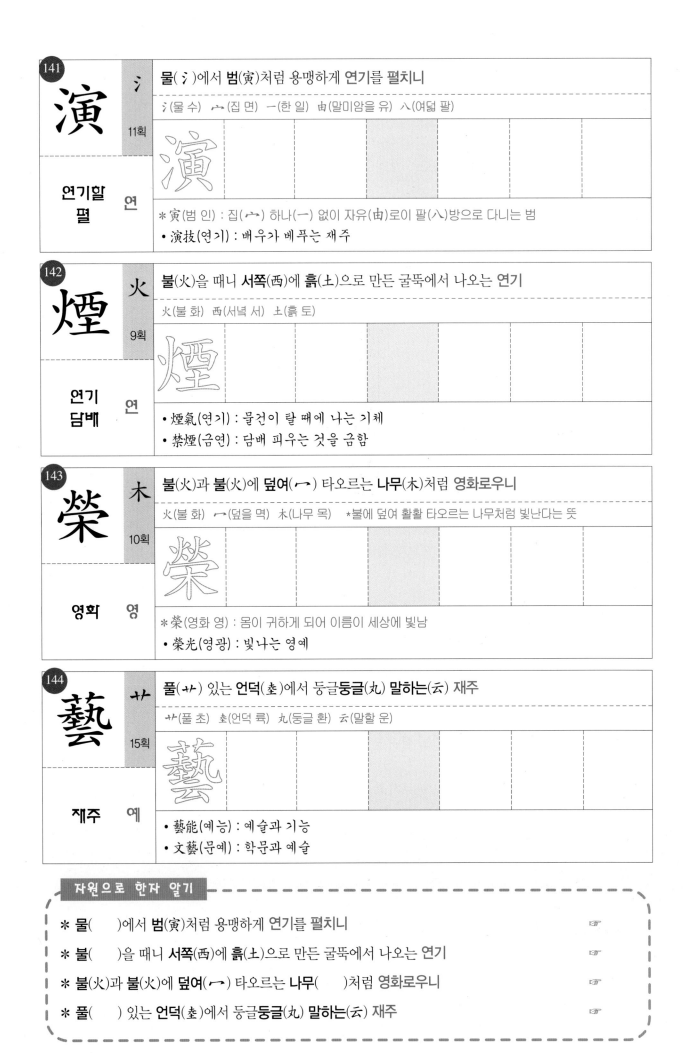

자원으로 한자 알기

* 물(　)에서 **범(寅)**처럼 용맹하게 **연기를 펼치니**　　　　☞

* 불(　)을 때니 **서쪽(西)에 흙(土)**으로 만든 굴뚝에서 나오는 **연기**　　☞

* 불(火)과 불(火)에 **덮여(冖)** 타오르는 **나무(　)**처럼 **영화로우니**　　☞

* 풀(　) 있는 **언덕(坴)**에서 둥글둥글(丸) **말하는(云) 재주**　　☞

145 誤 그르칠 오	言 7획	말(言)하여 입(口)을 싸고(勹) 크게(大) 소리쳐 일을 그르치니
		言(말씀 언) 口(입 구) 勹(쌀 포 변형) 大(큰 대)
		(연습란)
		• 誤答(오답) : 잘못된 답 • 誤報(오보) : 어떠한 사건이나 소식을 그릇되게 전하여 알려 줌

146 玉 구슬 임금 옥	玉 0획	하나(一)같이 땅(土)에서 불꽃(丶)처럼 빛나는 옥
		一(한 일) 土(땅 토) 丶(불꽃 주)
		(연습란)
		• 玉石(옥석) : 구슬과 돌 또는 좋은 것과 나쁜 것 • 玉體(옥체) : 임금의 몸

147 往 갈 왕	彳 5획	걸어서(彳) 주인(主)에게 가니
		彳(걸을 척) 主(주인 주)
		(연습란)
		• 往來(왕래) : 가고 오고 함 • 往復(왕복) : 갔다가 돌아옴

148 謠 노래 요	言 10획	말(言)을 길게 늘여 고기(月)와 장군(缶)에 담긴 술을 마시며 노래하니
		言(말씀 언) 月(육 달 월, 고기 육 변형) 缶(장군 부) *판소리는 말을 길게 늘여서 하지요.
		(연습란)
		• 歌謠(가요) : 노래 • 童謠(동요) : 어린이의 정서를 표현한 노래

자원으로 한자 알기

* 말(   )하여 입(口)을 싸고(勹) 크게(大) 소리쳐 일을 그르치니   ☞

* 하나(一)같이 땅(土)에서 불꽃(丶)처럼 빛나는 옥   ☞

* 걸어서(   ) 주인(主)에게 가니   ☞

* 말(   )을 길게 늘여 고기(月)와 장군(缶)에 담긴 술을 마시며 노래하니   ☞

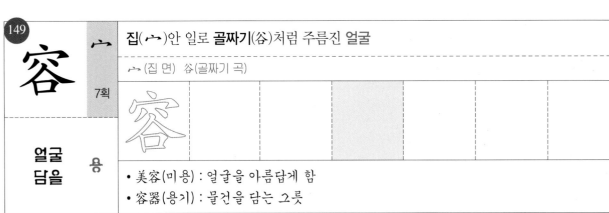

149 容	宀 7획	집(宀)안 일로 **골짜기**(谷)처럼 주름진 얼굴
		宀(집 면) 谷(골짜기 곡)
얼굴 담을 용		容
		• 美容(미용) : 얼굴을 아름답게 함 • 容器(용기) : 물건을 담는 그릇

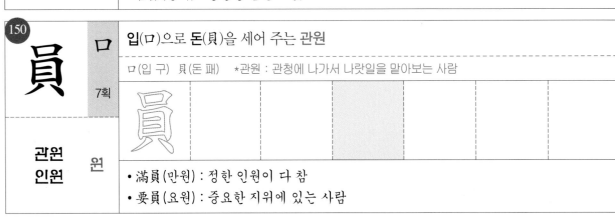

150 員	口 7획	입(口)으로 **돈**(貝)을 세어 주는 관원
		口(입 구) 貝(돈 패) ★관원 : 관청에 나가서 나랏일을 맡아보는 사람
관원 인원 원		員
		• 滿員(만원) : 정한 인원이 다 참 • 要員(요원) : 중요한 지위에 있는 사람

자원으로 한자 알기

❋ 집(　　)안 일로 **골짜기**(谷)처럼 주름진 얼굴 　　☞

❋ 입(　　)으로 **돈**(貝)을 세어 주는 관원 　　☞

一思多得

氵	+	咸	=	減(덜 감)	물(氵)을 다(咸) 덜어 없애니
	+	夜	=	液(즙 액)	물(氵)이 밤(夜)처럼 검은 즙
	+	寅	=	演(펼 연)	물(氵)에서 범(寅)처럼 용맹하게 연기를 펼치니

143 榮(영화 영) 勞(일할 로) 잘 구별하세요.

榮(영화 영) : 불(火)과 불(火)에 덮여(冖) 타오르는 **나무**(木)처럼 영화로우니

勞(일할 로) : 불(火)과 불(火)에 덮여(冖) 힘(力)써 일하니

亻	+	主	=	住(살 주)	**사람**(亻)은 주(主)로 일정한 곳에 머물러 사니
彳	+		=	往(갈 왕)	걸어서(彳) 주인(主)에게 가니

다음 한자를 나누고 **자원**을 쓰면서 익히세요.

演
펼 연
= ☐ + ☐

煙
연기 연
= ☐ + ☐ + ☐

榮
영화 영
= ☐ + ☐ + ☐ + ☐

藝
재주 예
= ☐ + ☐ + ☐ + ☐

誤
그르칠 오
= ☐ + ☐ + ☐ + ☐

玉
구슬 옥
= ☐ + ☐ + ☐

往
갈 왕
= ☐ + ☐

謠
노래 요
= ☐ + ☐ + ☐

容
얼굴 용
= ☐ + ☐

員
관원 원
= ☐ + ☐

演 技	煙 氣	禁 煙	榮 光
藝 能	文 藝	誤 答	誤 報
玉 石	玉 體	往 來	往 復
歌 謠	童 謠	美 容	容 器
滿 員	要 員		

 다음 한자어를 **한자**로 쓰세요.

펼 연　재주 기	연기 연　기운 기	영화 영　빛 광	재주 예　능할 능
그르칠 오　대답할 답	구슬 옥　돌 석	갈 왕　올 래	노래 가　노래 요
아름다울 미　얼굴 용	찰 만　인원 원	금할 금　담배 연	글월 문　재주 예
그르칠 오　알릴 보	임금 옥　몸 체	갈 왕　돌아올 복	아이 동　노래 요
담을 용　그릇 기	중요할 요　인원 원		

1 그녀는 20대 초반의 신인임에도 불구하고 노인 역을 훌륭히 **演技**하였다.

2 방 안에 담배 **煙氣**가 자욱하다.

3 그는 매년 새해가 되면 **禁煙**을 결심하지만 끝내 실패하고 만다.

4 우리는 수석의 **榮光**을 차지한 그에게 아낌없는 박수를 보냈다.

5 동생은 공부하기를 싫어하지만 **藝能**에는 소질이 있다.

6 **文藝** 잡지

7 이번 시험은 어려웠는지 **誤答**이 많았다.

8 그 신문 기사는 **誤報**로 밝혀졌다.

9 **玉石**을 고르듯 사람을 가려 쓸 줄 알아야 한다.

10 전하, **玉體**를 보중하옵소서.

11 이곳은 교통의 요지라 사람의 **往來**가 빈번하다.

12 숙식이나 **往復** 비행기 값은 참가자가 부담해야 합니다.

13 라디오에서 옛날에 즐겨듣던 **歌謠**가 흘러나왔다.

14 할머니는 손녀가 **童謠**를 부르는 모습을 보고 퍽 기특하게 여기셨다.

15 햇볕에 장시간 노출되는 것은 **美容**에 해롭다.

16 남은 음식 재료를 **容器**에 담아 냉장고에 보관하였다.

17 **滿員** 버스로 출퇴근하다.

18 그는 지난 전쟁 때 특수 부대의 **要員**으로서 사선을 무수히 넘나들었다.

자원으로 한자 알기.

101. 말(　　)로 치고(殳) 자기주장만 베풀어 세우니 ☞
102. 말(　　)한 것을 이루려고(成) 정성을 다하니 ☞
103. 흙(　　)을 쌓아 이룬(成) 성 ☞
104. 음식을 만들어(成) 그릇(　　)에 풍성하게 쌓으니 ☞
105. 해(　　)처럼 빛이 나는(生) 별 ☞
106. 귀(　　)로 잘 듣고 입(口)으로 잘 말하는 큰(壬) 성인 ☞
107. 선비(士)가 문(尸)을 치며(殳) 귀(　　)에 잘 들리도록 소리쳐 이름을 부르니 ☞
108. 언덕(坴)처럼 둥글둥글(丸) 힘(　　)차고 굳센 형세 ☞
109. 벼(　　)로 바꾸어(兌) 내는 세금 ☞
110. 실(　　)처럼 밭(田)두둑이 길고 가늘다. ☞
111. 손(　　)에 비(帚)를 들고 쓰니 ☞
112. 대(　　) 숲에서 몸을 기울이고(丿) 크게(大) 웃으니 ☞
113. 생명(主) 같은 실(　　)은 본디 희니 ☞
114. 사람(　　)들이 골짜기(谷)에서 풍속을 지키며 사니 ☞
115. 실(　　)을 팔려고(賣) 이으니 ☞
116. 팔(八)방으로 하늘(天)의 뜻을 따라 뛰어(　　) 보내니 ☞
117. 아득히(攸) 긴 터럭(彡)을 닦으니 ☞
118. 집(　　)에서는 촌수(寸)를 지키니 ☞
119. 손(爫)으로 덮어(冖) 또(　　) 받으니 ☞
120. 손(　　)으로 받으라고(受) 주니 ☞
121. 곡식을 조각(丩)으로 쳐(　　) 거두니 ☞
122. 때 묻지 않은 실(　　)과 하나(一)의 싹(屯)처럼 깨끗하고 순수하니 ☞
123. 아들(子) 둘(二)이 흐르는 물(水)처럼 뜻을 이어 받드니 ☞
124. 사방(　　)에서 사람(厶)들이 또한(也) 인정을 베푸니 ☞
125. 해(　　)처럼 아래(下)에서 사람(人)들이 밝고 옳게 사니 ☞

126. 신(示)이 보아(   ) 살피니

127. 말(   )하여 법식(式)에 따라 물어보며 시험하니

128. 감정을 말(   )로 표현하여 절(寺)처럼 경건하게 읊는 시

129. 코(自)와 심장(   )으로 숨 쉬며 쉬니

130. 말(曰)을 위·아래로 뚫어(丨) 자기주장을 펴 아뢰니

131. 물(   )에 덮여(冖) 사람(儿)과 나무(木)가 보이지 않을 정도로 깊으니

132. 눈(   )구멍에 그쳐(艮) 있는 눈

133. 해(   )가 소리(音)없이 지고 어두우니

134. 바위(厂) 밑에서 해(日)와 달(月)을 보며 개(犬)처럼 앉아 땅(   )을 누르니

135. 물(   )이 밤(夜)처럼 검은 즙

136. 양의 모양

137. 먹을(   ) 것을 남기니(余)

138. 여자(   )가 입(口)으로 같은 말을 하니

139. 팔(丷)방에서 하나(一)같이 입 벌리고(凵) 삐쳐서(丿) 뛰어(   )와 거스르니

140. 돌(   )을 방패(干)와 방패(干)처럼 평평하게 가니

141. 물(   )에서 범(寅)처럼 용맹하게 연기를 펼치니

142. 불(   )을 때니 서쪽(西)에 흙(土)으로 만든 굴뚝에서 나오는 연기

143. 불(火)과 불(火)에 덮여(冖) 타오르는 나무(   )처럼 영화로우니

144. 풀(   ) 있는 언덕(圥)에서 둥글둥글(丸) 말하는(云) 재주

145. 말(   )하여 입(口)을 싸고(勹) 크게(大) 소리쳐 일을 그르치니

146. 하나(一)같이 땅(土)에서 불꽃(丶)처럼 빛나는 옥

147. 걸어서(   ) 주인(主)에게 가니

148. 말(   )을 길게 늘여 고기(月)와 장군(缶)에 담긴 술을 마시며 노래하니

149. 집(   )안 일로 골짜기(谷)처럼 주름진 얼굴

150. 입(   )으로 돈(貝)을 세어 주는 관원

設 誠 城 盛 星 聖 聲

勢 稅 細 掃 笑 素 俗

續 送 修 守 受 授

收 純 承 施

是 視

4Ⅱ 101-150번
형성평가

試 詩 息 申

深 眼 暗 壓 液 羊

餘 如 逆 研 演 煙 榮

藝 誤 玉 往 謠 容 員

다음 뜻과 음을 지닌 **한자**를 쓰세요.

베풀 설	정성 성	성 성	성할 성	별 성	성인 성	소리 성
형세 세	세금 세	가늘 세	쓸 소	웃음 소	본디 소	풍속 속
이을 속	보낼 송	닦을 수		지킬 수	받을 수	줄 수
거둘 수	순수할 순				이을 승	베풀 시
옳을 시						살필 시

4Ⅱ 101~150번 형성평가

시험 시	시 시				쉴 식	펼 신
깊을 심	눈 안	어두울 암		누를 압	즙 액	양 양
남을 여	같을 여	거스를 역	갈 연	펼 연	연기 연	영화 영
재주 예	그르칠 오	구슬 옥	갈 왕	노래 요	얼굴 용	관원 원

151 圓 10획 둥글 원	口	울타리(口)를 관원(員)들이 둥글게 에워싸니
		口(에울 위) 員(관원 원)
		圓
		• 圓卓(원탁) : 둥근 탁자 • 圓滿(원만) : 모나지 않고 너그러움

152 衛 9획 지킬 위	行	따라다니며(行) 위대한(韋) 사람을 지키니
		行(다닐 행) 韋(위대할 위) *위대한 사람을 따라다니며 곁에서 보호하고 지킨다는 뜻입니다.
		衛
		• 防衛(방위) : 막아서 지킴 • 衛生(위생) : 질병의 예방이나 치료에 힘쓰는 일

153 爲 8획 할 될 위	爪	손톱(爫)으로 원숭이가 머리를 긁는 모양으로 하다라는 뜻을 나타냄
		爫(손톱 조)
		爲
		• 行爲(행위) : 행하는 짓 • 當爲(당위) : 마땅히 행하여야 할 것

154 肉 0획 고기 몸 육	肉	성(冂)에서 사람(人)과 사람(人)들이 즐겨 먹는 고기를 자른 모양
		冂(성 경) 人(사람 인)
		肉
		• 肉食(육식) : 고기를 먹음 • 肉身(육신) : 육체

자원으로 한자 알기

* 울타리(　)를 관원(員)들이 둥글게 에워싸니 ☞

* 따라다니며(　) 위대한(韋) 사람을 지키니 ☞

* 손톱(　)으로 원숭이가 머리를 긁는 모양으로 하다라는 뜻을 나타냄 ☞

* 성(冂)에서 사람(人)과 사람(人)들이 즐겨 먹는 고기를 자른 모양 ☞

155 恩 心 6획 은혜 은	의지하는(因) 사람을 마음(心)에 은혜롭게 여기니
	因(의지할 인) 心(마음 심)
	恩
	• 恩師(은사) : 은혜로운 스승 • 恩人(은인) : 은혜를 베풀어 준 사람

156 陰 阝 8획 그늘 음	언덕(阝)이 지금(今) 구름(云)에 가려 그늘지니
	阝(언덕 부) 今(이제 금) 云(이를 운, 구름 운)
	陰
	*云(이를 운) : 雲(구름 운)의 간체자 • 陰地(음지) : 그늘진 땅

157 應 心 13획 응할 응	큰집(广)에서 사람(亻)들이 새(隹)처럼 조잘거리며 마음(心)으로 응하니
	广(큰집 엄) 亻(사람 인) 隹(새 추) 心(마음 심)
	應
	• 應試(응시) : 시험에 응함 • 應答(응답) : 부름이나 물음에 응하여 답함

158 義 羊 7획 옳을 의	양(羊)처럼 나(我)는 옳게 살아야지
	羊(양 양) 手(손 수) 戈(창 과) *순하고 착한 양처럼 옳게 살겠다는 뜻입니다.
	義
	*我(나 아) : 손(手)에 창(戈)을 들고 나를 지키니 • 義理(의리) : 사람으로서 행해야 할 옳은 길

자원으로 한자 알기

* 의지하는(因) 사람을 마음(　　)에 은혜롭게 여기니　　　　　　　☞

* 언덕(　　)이 지금(今) 구름(云)에 가려 그늘지니　　　　　　　　☞

* 큰집(广)에서 사람(亻)들이 새(隹)처럼 조잘거리며 마음(　　)으로 응하니　☞

* 양(　　)처럼 나(我)는 옳게 살아야지　　　　　　　　　　　　☞

159 議	言 13획	말(言)하여 옳은(義) 결정을 하려고 의논하니					
		言(말씀 언) 義(옳을 의)					
		議					
의논할 의		• 相議(상의) : 서로 의논함 • 議決(의결) : 의논하여 결정함					

160 移	禾 6획	벼(禾)가 많이(多) 자라면 옳겨 심으니					
		禾(벼 화) 多(많을 다) *모가 많이 자라서 모내기 한다는 뜻입니다.					
		移					
옳길 이		• 移植(이식) : 옮겨 심음 • 移動(이동) : 옮겨 움직임					

자원으로 한자 알기

＊ 말(　　)하여 **옳은**(義) 결정을 하려고 **의논하니**　　　　　　☞

＊ 벼(　　)가 **많이**(多) 자라면 **옮겨 심으니**　　　　　　☞

一思多得

行	+	朮	丶	=	術(재주 술)	다니며(行) 나무(朮)를 점(丶)찍듯 심고 가꾸는 재주
	+	土	土	=	街(거리 가)	다닐(行) 수 있도록 땅(土)에 흙(土)을 쌓아 만든 거리
	+	韋		=	衛(지킬 위)	따라다니며(行) 위대한(韋) 사람을 지키니

田	+	心	=	思(생각 사)	밭(田)에 무엇을 심을까 마음(心)으로 생각하니
因	+		=	恩(은혜 은)	의지하는(因) 사람을 마음(心)에 은혜롭게 여기니

禾	+	火	=	秋(가을 추)	벼(禾)를 불(火) 같은 햇빛에 말려 거두는 가을
	+	斗	=	科(과목 과)	벼(禾)를 말(斗)로 헤아려 구분하듯 구분해 놓은 과목
	+	刂	=	利(이로울 리)	벼(禾)를 칼(刂)로 베어 수확하면 이로우니
	+	多	=	移(옮길 이)	벼(禾)가 많이(多) 자라면 옮겨 심으니

다음 한자를 나누고 **자원**을 쓰면서 익히세요.

圓
둥글 원
= ☐ + ☐

衛
지킬 위
= ☐ + ☐

爲
할 위
=

肉
고기 육
= ☐ + ☐ + ☐

恩
은혜 은
= ☐ + ☐

陰
그늘 음
= ☐ + ☐ + ☐

應
응할 응
= ☐ + ☐ + ☐ + ☐

義
옳을 의
= ☐ + ☐

議
의논할 의
= ☐ + ☐

移
옮길 이
= ☐ + ☐

다음 한자어의 **독음**을 쓰세요.

圓 卓	圓 滿	防 衛	衛 生
行 爲	當 爲	肉 食	肉 身
恩 師	恩 人	陰 地	應 試
應 答	義 理	相 議	議 決
移 植	移 動		

 다음 한자어를 **한자**로 쓰세요.

둥글 원	탁자 탁	막을 방	지킬 위	행할 행	할 위	고기 육	먹을 식
은혜 은	스승 사	그늘 음	땅 지	응할 응	시험 시	옳을 의	이치 리
서로 상	의논할 의	옮길 이	심을 식	둥글 원	흡족할 만	지킬 위	살 생
마땅 당	할 위	몸 육	몸 신	은혜 은	사람 인	응할 응	대답할 답
의논할 의	정할 결	옮길 이	움직일 동				

134

예문으로 한자어 익히기(한자로 쓰인 단어의 뜻을 써보세요.)

1 그들은 圓卓에 둘러앉아 자유롭게 의견을 교환했다.

2 그는 성격이 圓滿해서 친구가 많다.

3 그 부대는 수도를 防衛하는 책임을 지고 있다.

4 당국은 衛生상태가 나쁜 음식점에 대해 휴업 조치를 취했다.

5 그는 자신이 한 行爲에 책임을 졌다.

6 當爲적 결과

7 스님들은 肉食을 금하고 있다.

8 그의 영혼은 이미 소멸되었으며 살아 움직이고 있는 것은 거추장스러운 肉身뿐이었다.

9 여고 때의 恩師를 찾아뵈러 학교에 갔다.

10 그분은 내 생명의 恩人이다.

11 양지쪽엔 온갖 꽃들이 생생하게 피었지만 陰地쪽은 아직 싹도 안 돋아나고 텅 비어 있었다.

12 그는 다음 검정고시에는 기어코 應試하기로 마음을 정했다.

13 이번 협상은 우리 측 답변에 대한 상대측 應答이 오면 시작될 전망이다.

14 그는 죽음을 무릅쓰고 끝까지 義理를 지켰다.

15 부모님과 相議를 해 보았지만 어차피 결정은 내가 해야 할 몫이었다.

16 헌법은 국회의 議決을 거쳐 국민 투표로 개정된다.

17 그는 산에서 묘목 몇 그루를 자기 집 정원으로 移植하였다.

18 전사, 부상, 파견 등 병력의 移動이 너무나 빈번했고 탈주병도 많았다.

161	皿	음식을 **나누고(八) 한(一)** 번 더 **나누어(八) 그릇(皿)**에 더하니
益 5획		八(나눌 팔) 一(한 일) 皿(그릇 명)
더할 유익할 익		• 收益(수익) : 이익을 거둠 • 利益(이익) : 물질적으로나 정신적으로 보탬이 되는 것

162	言	**말(言)**하여 **칼날(刃)** 앞에 **마음(心)**을 참고 안다고 인정하니
認 7획		言(말씀 언) 刃(칼 도) 丶(점 주) 心(마음 심)
알 인정할 인		＊刃(칼날 인) : 칼(刀)에 점(丶)을 찍어 날이 있는 곳을 가리킴 • 認定(인정) : 확실히 그렇다고 여김

163	卩	**사람(亻) 두(二)** 명이 **무릎 꿇고(卩)** 찍는 도장
印 4획		亻(사람 인) 二(둘 이) 卩(무릎 꿇을 절) ＊계약서에 서로 무릎 꿇고 도장을 찍는다는 뜻입니다.
도장 인		• 印章(인장) : 도장 • 木印(목인) : 나무도장

164	弓	**활(弓)**줄을 **송곳(丨)** 같은 화살을 쏘려고 **끌어당기니**
引 1획		弓(활 궁) 丨(송곳 곤)
끌 인		• 引上(인상) : 끌어올림 • 引導(인도) : 이끌어 지도함

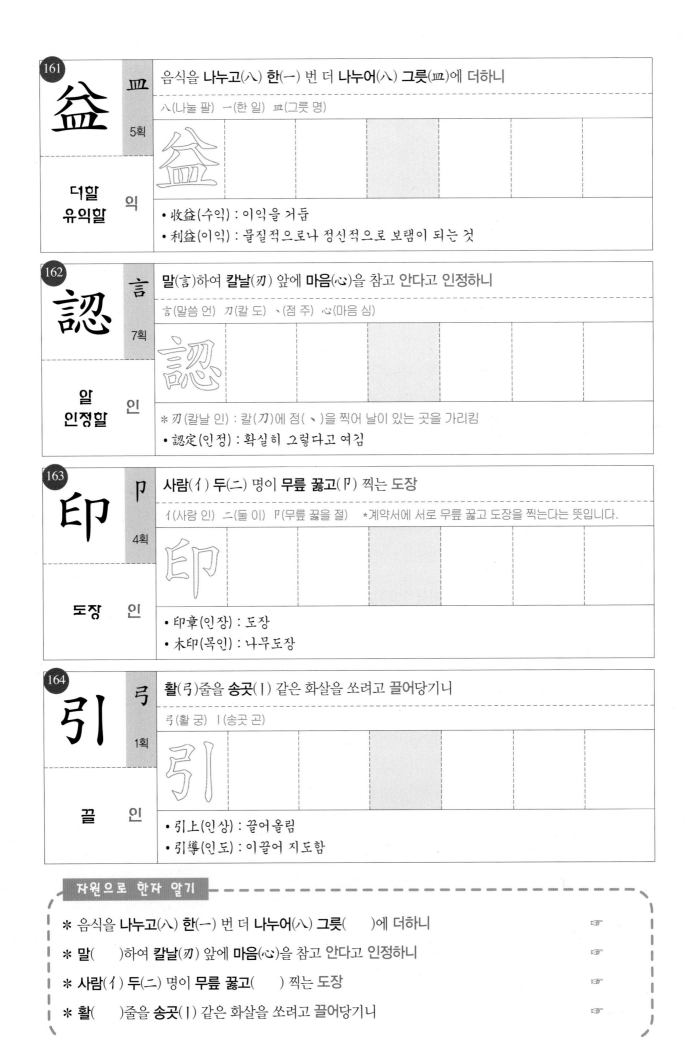

자원으로 한자 알기

＊ 음식을 **나누고(八) 한(一)** 번 더 **나누어(八) 그릇(　　)**에 더하니 ☞

＊ 말(　　)하여 **칼날(刃)** 앞에 **마음(心)**을 참고 안다고 인정하니 ☞

＊ 사람(亻) **두(二)** 명이 **무릎 꿇고(　　)** 찍는 도장 ☞

＊ 활(　　)줄을 **송곳(丨)** 같은 화살을 쏘려고 끌어당기니 ☞

165	寸	장수(爿)의 **몸**(月)이 되어 부하를 **규칙**(寸)에 따라 지휘하니
將	8획	爿(장수 장) 月(몸 월) 寸(규칙 촌)
장수 장차 나아갈	장	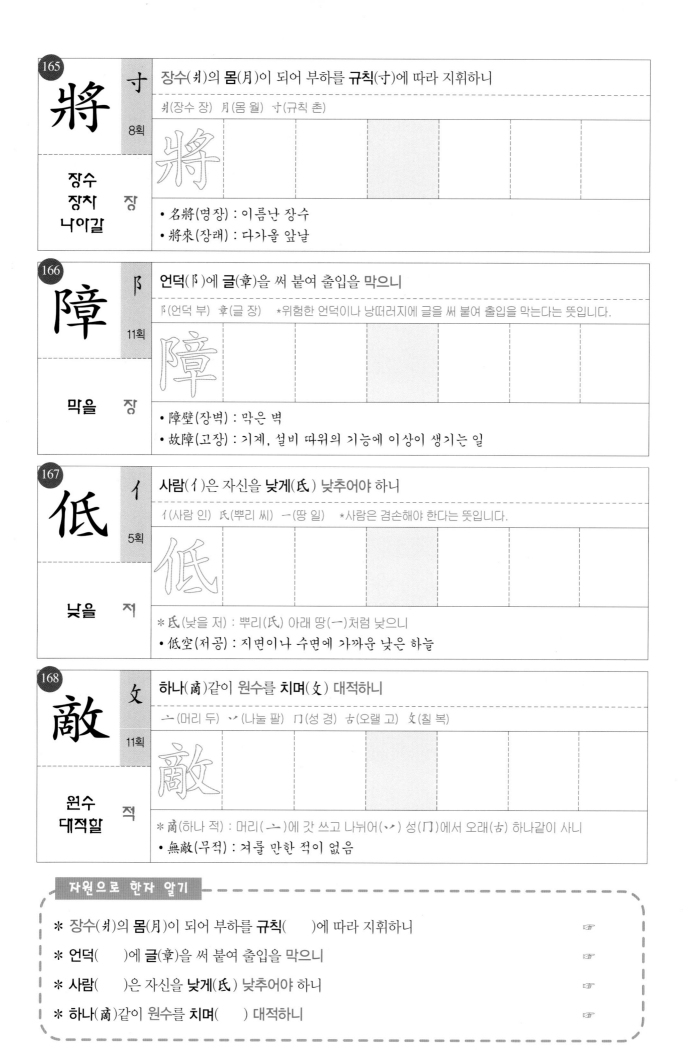 • 名將(명장) : 이름난 장수 • 將來(장래) : 다가올 앞날

166	阝	언덕(阝)에 **글**(章)을 써 붙여 출입을 **막으니**
障	11획	阝(언덕 부) 章(글 장) *위험한 언덕이나 낭떠러지에 글을 써 붙여 출입을 막는다는 뜻입니다.
막을	장	• 障壁(장벽) : 막은 벽 • 故障(고장) : 기계, 설비 따위의 기능에 이상이 생기는 일

167	亻	사람(亻)은 자신을 **낮게**(氐) 낮추어야 하니
低	5획	亻(사람 인) 氐(뿌리 씨) 一(땅 일) *사람은 겸손해야 한다는 뜻입니다.
낮을	저	*氐(낮을 저) : 뿌리(氏) 아래 땅(一)처럼 낮으니 • 低空(저공) : 지면이나 수면에 가까운 낮은 하늘

168	攵	하나(啇)같이 원수를 **치며**(攵) 대적하니
敵	11획	亠(머리 두) 丷(나눌 팔) 冂(성 경) 古(오랠 고) 攵(칠 복)
원수 대적할	적	*啇(하나 적) : 머리(亠)에 갓 쓰고 나누어(丷) 성(冂)에서 오래(古) 하나같이 사니 • 無敵(무적) : 겨룰 만한 적이 없음

자원으로 한자 알기

* 장수(爿)의 **몸**(月)이 되어 부하를 **규칙**(   )에 따라 지휘하니   ☞

* 언덕(   )에 **글**(章)을 써 붙여 출입을 **막으니**   ☞

* 사람(   )은 자신을 **낮게**(氐) 낮추어야 하니   ☞

* 하나(啇)같이 원수를 **치며**(   ) 대적하니   ☞

137

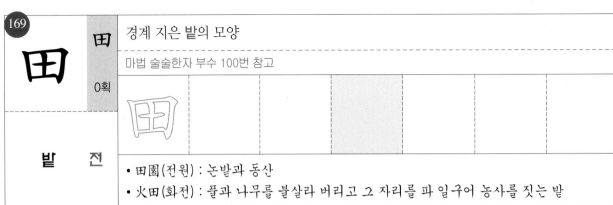

169 田	田 0획	경계 지은 **밭**의 모양
		마법 술술한자 부수 100번 참고
밭 전		• 田園(전원) : 논밭과 동산 • 火田(화전) : 풀과 나무를 불살라 버리고 그 자리를 파 일구어 농사를 짓는 밭

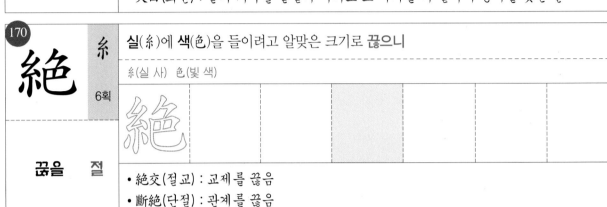

170 絶	糸 6획	실(糸)에 색(色)을 들이려고 알맞은 크기로 **끊으니**
		糸(실 사) 色(빛 색)
끊을 절		• 絶交(절교) : 교제를 끊음 • 斷絶(단절) : 관계를 끊음

자원으로 한자 알기

✻ 경계 지은 **밭**의 모양   ☞

✻ 실(   )에 색(色)을 들이려고 알맞은 크기로 **끊으니**   ☞

一思多得

	+ 式	=	試(시험 시)	**말**(言)하여 **법식**(式)에 따라 물어보며 **시험**하니
言	+ 寺	=	詩(시 시)	감정을 **말**(言)로 표현하여 **절**(寺)처럼 경건하게 읊는 **시**
	+ 義	=	議(의논할 의)	**말**(言)하여 **옳은**(義) 결정을 하려고 **의논**하니
	+ 忍	=	認(알 인)	**말**(言)하여 **칼날**(刃) 앞에 **마음**(心)을 참고 안다고 **인정**하니

다음 한자를 나누고 **자원**을 쓰면서 익히세요.

益 더할 익 = ☐ + ☐ + ☐ + ☐

認 알 인 = ☐ + ☐ + ☐

印 도장 인 = ☐ + ☐ + ☐

引 끌 인 = ☐ + ☐

將 장수 장 = ☐ + ☐ + ☐

障 막을 장 = ☐ + ☐

低 낮을 저 = ☐ + ☐

敵 대적할 적 = ☐ + ☐

田 밭 전 = ☐

絶 끊을 절 = ☐ + ☐

收 益	利 益	認 定	印 章
木 印	引 上	引 導	名 將
將 來	障 壁	故 障	低 空
無 敵	田 園	火 田	絶 交
斷 絶			

 다음 한자어를 **한자**로 쓰세요.

거둘 수	이로울 익	인정할 인	정할 정	도장 인	도장 장	끌 인	오를 상
이름날 명	장수 장	막을 장	벽 벽	낮을 저	하늘 공	없을 무	대적할 적
밭 전	동산 원	끊을 절	사귈 교	이로울 리	유익할 익	나무 목	도장 인
끌 인	인도할 도	장차 장	올 래	연고 고	장애 장	불 화	밭 전
끊을 단	끊을 절						

140

예문으로 **한자어** 익히기(한자로 쓰인 단어의 뜻을 써보세요.)

1 높은 收益이 보장된 사업이다.

2 우리 회사는 원유를 수송해서 막대한 利益을 올렸다.

3 나는 그의 성실성만은 認定을 해 주고 싶다.

4 저당 문서를 만들고 거기에 印章까지 찍어 주었으니 기한 내에 원금을 갚아야 한다.

5 나무도장을 木印이라 한다.

6 공공요금의 引上으로 서민 경제가 더 힘들어졌다.

7 그는 훌륭한 선생님을 만나 옳은 길로 引導된 이후 새사람이 되었다.

8 김유신은 신라의 名將이다.

9 정부나 국민들은 미군의 참전으로 처음에는 전쟁이 머지않은 將來에 끝나리라 생각했다.

10 그들은 시내와 요새 사이에 아주 높은 障壁을 세워 요새 안의 군인들을 고립시켰다.

11 라디오가 故障이 났는지 소리가 나지 않는다.

12 헬리콥터 두 대가 低空에서 날며 위협적인 프로펠러 폭음을 퍼부었다.

13 읍내에서 벌어진 씨름판에 출전해서 이십 명을 거꾸러뜨리고 단연 無敵이 되었다.

14 그는 부귀를 버리고 田園으로 돌아와서 청빈한 은거 생활로 일생을 보냈다.

15 그는 산골로 들어가 火田을 일구며 생활하였다.

16 그녀는 그와 絶交를 했다고 말했지만 얼마 후에 다시 그를 만났다.

17 세상과의 철저한 斷絶을 지키면서 수도를 한다는 것은 매우 어려운 일이다.

171 接 대접할 이을 접	扌 8획	손(扌)으로 서서(효) 여자(女)가 대접하니
		扌(손 수) 효(설 립) 女(계집 녀)
		接 (빈 칸)
		• 接待(접대) : 손님을 대접함 • 近接(근접) : 가까이 다가감

172 程 법 한도 정	禾 7획	벼(禾)를 살펴 입(口)으로 크게(壬) 법칙에 따라 등급을 외치니
		禾(벼 화) 口(입 구) 壬(클 임) *벼의 상태를 살펴 등급을 정하고 크게 외친다는 뜻입니다.
		程 (빈 칸)
		• 日程(일정) : 그 날에 할 일 • 程度(정도) : 알맞은 한도

173 政 정사 정	攵 4획	바르게(正) 살도록 쳐(攵) 다스리는 정사
		正(바를 정) 攵(칠 복) *어리석은 백성들이 바르게 살도록 쳐서 다스린다는 뜻입니다.
		政 (빈 칸)
		• 行政(행정) : 정치를 행함 • 政事(정사) : 정치 또는 행정상의 일

174 精 깨끗할 자세할 정	米 8획	쌀(米)을 푸른(靑)빛이 날 정도로 씻어 깨끗하니
		米(쌀 미) 靑(푸를 청)
		精 (빈 칸)
		• 精潔(정결) : 깨끗함 • 精讀(정독) : 자세하게 읽음

자원으로 한자 알기

* 손(　)으로 서서(효) 여자(女)가 대접하니　　　☞

* 벼(　)를 살펴 입(口)으로 크게(壬) 법칙에 따라 등급을 외치니　　　☞

* 바르게(正) 살도록 쳐(　) 다스리는 정사　　　☞

* 쌀(　)을 푸른(靑)빛이 날 정도로 씻어 깨끗하니　　　☞

175 制 6획 절제할 마름질할	刂 제	사람(𠂉)이 하나(一)의 헝겊(巾)을 칼(刂)로 절제하여 마름질하니
		𠂉(사람 인) 一(한 일) 巾(헝겊 건) 刂(칼 도)
		制
		*制(마름질할 제) : 옷감이나 재목 따위를 치수에 맞도록 재거나 자르는 일 • 節制(절제) : 알맞게 조절하여 제한함

176 製 8획 지을 제	衣	사람(𠂉)이 하나(一)의 헝겊(巾)을 칼(刂)로 잘라 옷(衣)을 지으니
		𠂉(사람 인) 一(한 일) 巾(헝겊 건) 刂(칼 도) 衣(옷 의)
		製
		• 製作(제작) : 물건을 만듦 • 製品(제품) : 원료를 써서 만들어 낸 물품

177 濟 14획 건널 구제할 제	氵	물(氵)결이 가지런하여(齊) 잔잔할 때 건너가 구제하니
		氵(물 수) 齊(가지런할 제)
		濟
		• 救濟(구제) : 어려운 처지에 있는 사람을 도와줌 • 經濟(경제) : 생활에 필요한 재화나 용역을 생산·분배·소비하는 모든 활동

178 提 9획 드러낼 제	扌	손(扌)으로 옳은(是) 증거를 드러내니
		扌(손 수) 是(옳을 시)
		提
		• 提示(제시) : 드러내어 보임 • 提起(제기) : 의견이나 문제를 내놓음

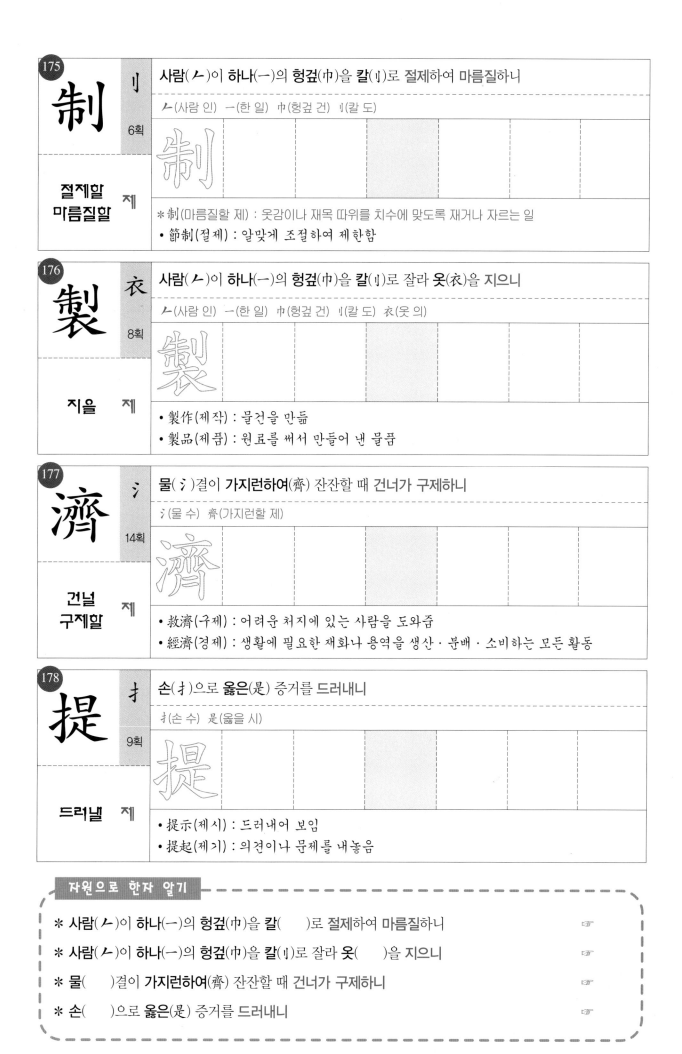

자원으로 한자 알기

* 사람(𠂉)이 하나(一)의 헝겊(巾)을 칼(   )로 절제하여 마름질하니

* 사람(𠂉)이 하나(一)의 헝겊(巾)을 칼(刂)로 잘라 옷(   )을 지으니

* 물(   )결이 가지런하여(齊) 잔잔할 때 건너가 구제하니

* 손(   )으로 옳은(是) 증거를 드러내니

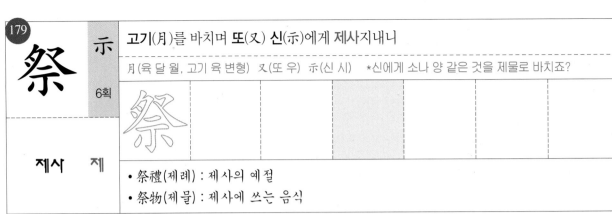

179 祭 제사 제	示 6획	고기(月)를 바치며 또(又) 신(示)에게 제사지내니
		月(육 달 월, 고기 육 변형) 又(또 우) 示(신 시) ＊신에게 소나 양 같은 것을 제물로 바치죠?

• 祭禮(제례) : 제사의 예절
• 祭物(제물) : 제사에 쓰는 음식

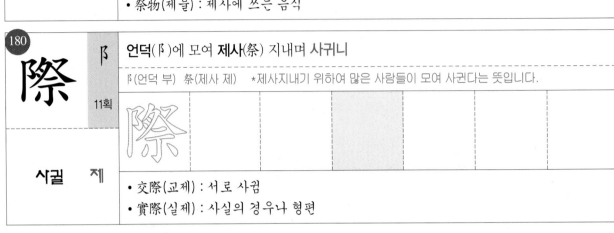

180 際 사귈 제	阝 11획	언덕(阝)에 모여 제사(祭) 지내며 사귀니
		阝(언덕 부) 祭(제사 제) ＊제사지내기 위하여 많은 사람들이 모여 사귄다는 뜻입니다.

• 交際(교제) : 서로 사귐
• 實際(실제) : 사실의 경우나 형편

자원으로 한자 알기

＊ 고기(月)를 바치며 **또**(又) **신**(   )에게 제사지내니   ☞

＊ 언덕(   )에 모여 **제사**(祭) 지내며 사귀니   ☞

一思多得

牛	+		=	牧(기를 목)	소(牛)를 쳐(攵) 기르니
니	+	攵	=	收(거둘 수)	곡식을 조각(니)으로 쳐(攵) 거두니
商	+		=	敵(대적할 적)	하나(商)같이 원수를 치며(攵) 대적하니
正	+		=	政(정사 정)	바르게(正) 살도록 쳐(攵) 다스리는 정사

다음 한자를 나누고 **자원**을 쓰면서 익히세요.

接 대접할 접 = ☐ + ☐ + ☐

程 법 정 = ☐ + ☐ + ☐

政 정사 정 = ☐ + ☐

精 깨끗할 정 = ☐ + ☐

制 절제할 제 = ☐ + ☐ + ☐ + ☐

製 지을 제 = ☐ + ☐ + ☐ + ☐ + ☐

濟 건널 제 = ☐ + ☐

提 드러낼 제 = ☐ + ☐

祭 제사 제 = ☐ + ☐ + ☐

際 사귈 제 = ☐ + ☐

接 待	近 接	日 程	程 度
行 政	政 事	精 潔	精 讀
節 制	製 作	製 品	救 濟
經 濟	提 示	提 起	祭 禮
祭 物	交 際	實 際	

 다음 한자어를 **한자**로 쓰세요.

대접할 접	대접할 대	날 일	할당할 정	행할 행	정사 정	깨끗할 정	깨끗할 결
절제할 절	절제할 제	지을 제	지을 작	구원할 구	구제할 제	드러낼 제	보일 시
제사 제	예도 례	서로 교	사귈 제	가까울 근	이을 접	한도 정	정도 도
정사 정	일 사	자세할 정	읽을 독	지을 제	물건 품	다스릴 경	구제할 제
드러낼 제	일어날 기	제사 제	물건 물	실제 실	때 제		

1 손님을 극진히 **接待**하다.

2 우리의 생산 기술은 선진국 수준에 **近接**해 있다.

3 순회공연 **日程**은 크리스마스 때나 되어야 끝날 예정이다.

4 수해의 피해 **程度**에 따라 지원금이 달리 지급된다.

5 이 사안은 **行政**적으로 까다로운 문제이다.

6 **政事**를 의논하다.

7 새하얀 원고지는 고독한 심정이 오롯이 밝힌 영혼의 자리같이 **精潔**합니다.

8 그는 전에 건성으로 뛰어넘은 책들을 다시 한 번 **精讀**하였다.

9 다이어트를 위해 술과 음식을 **節制**하고 있다.

10 베스트셀러 소설이 영화로 **製作**되어 개봉 전부터 화제가 되었다.

11 우리 회사에서는 다양한 설문 조사를 통하여 소비자가 원하는 **製品**을 만든다.

12 많은 사람들을 실직에서 **救濟**하다.

13 **經濟**가 안정되다.

14 근본적인 해결책 **提示**가 없이 정책이 겉돌고 있다.

15 그 시답잖은 문제 **提起**가 장시간을 끈 토론으로 번졌다.

16 고인의 영좌 앞에 밤새도록 소리를 하는 것으로 **祭禮**를 대신했다.

17 햇과일과 곡식으로 **祭物**을 정성스럽게 마련했다.

18 청춘 남녀가 **交際**하는 것은 지극히 자연스러운 일이다.

19 그 약은 광고는 거창하나 **實際** 효과를 보았다는 사람은 별로 없다.

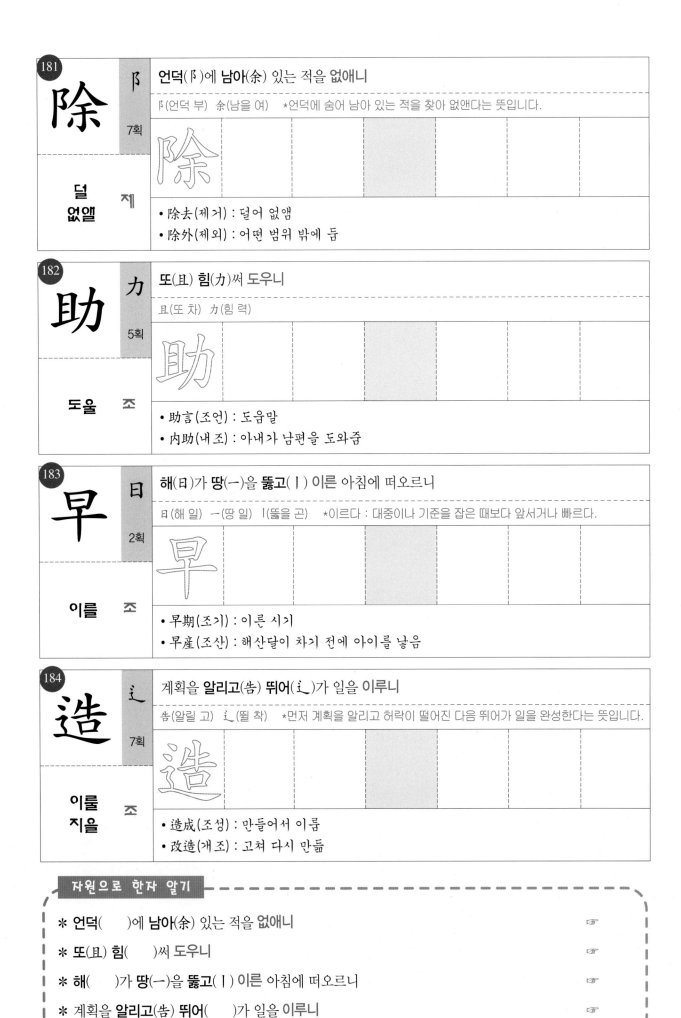

181 除 7획 덜 없앨 제	阝	언덕(阝)에 남아(余) 있는 적을 없애니
		阝(언덕 부) 余(남을 여) *언덕에 숨어 남아 있는 적을 찾아 없앤다는 뜻입니다.
		除去(제거) : 덜어 없앰 除外(제외) : 어떤 범위 밖에 둠

182 助 5획 도울 조	力	또(且) 힘(力)써 도우니
		且(또 차) 力(힘 력)
		助言(조언) : 도움말 内助(내조) : 아내가 남편을 도와줌

183 早 2획 이를 조	日	해(日)가 땅(一)을 뚫고(丨) 이른 아침에 떠오르니
		日(해 일) 一(땅 일) 丨(뚫을 곤) *이르다 : 대중이나 기준을 잡은 때보다 앞서거나 빠르다.
		早期(조기) : 이른 시기 早産(조산) : 해산달이 차기 전에 아이를 낳음

184 造 7획 이룰 지을 조	辶	계획을 알리고(告) 뛰어(辶)가 일을 이루니
		告(알릴 고) 辶(뛸 착) *먼저 계획을 알리고 허락이 떨어진 다음 뛰어가 일을 완성한다는 뜻입니다.
		造成(조성) : 만들어서 이룸 改造(개조) : 고쳐 다시 만듦

자원으로 한자 알기

∗ 언덕(   )에 남아(余) 있는 적을 없애니　　　　　　☞

∗ 또(且) 힘(   )써 도우니　　　　　　☞

∗ 해(   )가 땅(一)을 뚫고(丨) 이른 아침에 떠오르니　　☞

∗ 계획을 알리고(告) 뛰어(   )가 일을 이루니　　　☞

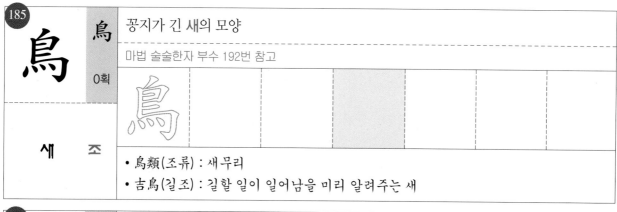

185 鳥	鳥 0획	꽁지가 긴 새의 모양
		마법 술술한자 부수 192번 참고
새 조		• 鳥類(조류) : 새무리 • 吉鳥(길조) : 길할 일이 일어남을 미리 알려주는 새

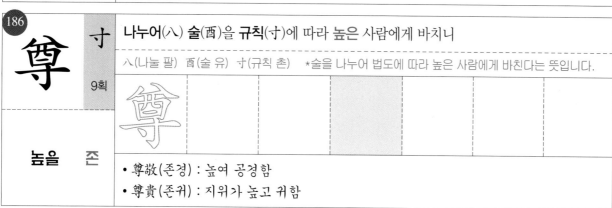

186 尊	寸 9획	나누어(八) 술(酉)을 규칙(寸)에 따라 높은 사람에게 바치니
		八(나눌 팔) 酉(술 유) 寸(규칙 촌) *술을 나누어 법도에 따라 높은 사람에게 바친다는 뜻입니다.
높을 존		• 尊敬(존경) : 높여 공경함 • 尊貴(존귀) : 지위가 높고 귀함

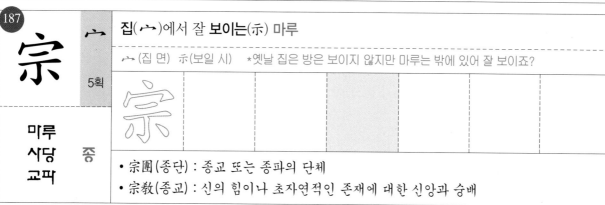

187 宗	宀 5획	집(宀)에서 잘 보이는(示) 마루
		宀(집 면) 示(보일 시) *옛날 집은 방은 보이지 않지만 마루는 밖에 있어 잘 보이죠?
마루 사당 교파 종		• 宗團(종단) : 종교 또는 종파의 단체 • 宗教(종교) : 신의 힘이나 초자연적인 존재에 대한 신앙과 숭배

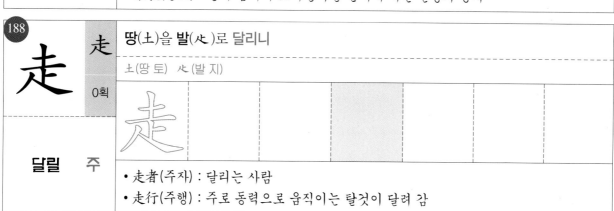

188 走	走 0획	땅(土)을 발(㐫)로 달리니
		土(땅 토) 㐫(발 지)
달릴 주		• 走者(주자) : 달리는 사람 • 走行(주행) : 주로 동력으로 움직이는 탈것이 달려 감

자원으로 한자 알기

* 꽁지가 긴 새의 모양 ☞

* 나누어(八) 술(酉)을 규칙(   )에 따라 높은 사람에게 바치니 ☞

* 집(   )에서 잘 보이는(示) 마루 ☞

* 땅(土)을 발(㐫)로 달리니 ☞

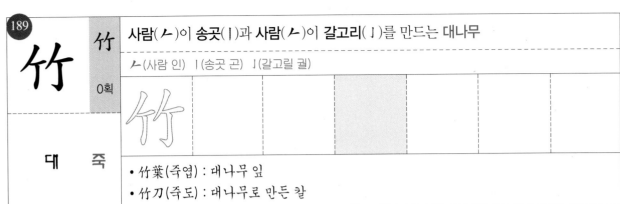

189 竹 0획	竹	사람(ㅅ)이 송곳(ㅣ)과 사람(ㅅ)이 갈고리(ㅣ)를 만드는 대나무
		ㅅ(사람 인) ㅣ(송곳 곤) ㅣ(갈고릴 궐)
대 죽		• 竹葉(죽엽) : 대나무 잎 • 竹刀(죽도) : 대나무로 만든 칼

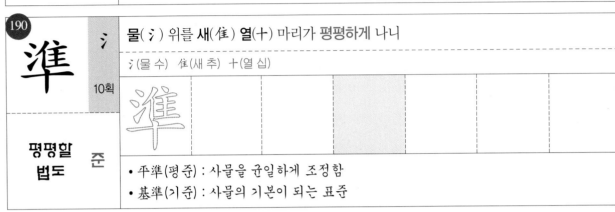

190 準 10획	氵	물(氵) 위를 새(隹) 열(十) 마리가 평평하게 나니
		氵(물 수) 隹(새 추) 十(열 십)
평평할 법도 준		• 平準(평준) : 사물을 균일하게 조정함 • 基準(기준) : 사물의 기본이 되는 표준

자원으로 한자 알기

* 사람(ㅅ)이 송곳(ㅣ)과 사람(ㅅ)이 갈고리(ㅣ)를 만드는 대나무 ☞

* 물(　) 위를 새(隹) 열(十) 마리가 평평하게 나니 ☞

一思多得

𩙿	+		=	餘(남을 여)	먹을(𩙿) 것을 남기니(余)
阝	+	余	=	除(없앨 제)	언덕(阝)에 남아(余) 있는 적을 없애니

工	+		=	功(공 공)	무엇인가를 만드는(工) 일에 힘(力)써 세운 공
且	+	力	=	助(도울 조)	또(且) 힘(力)써 도우니

林	+		=	禁(금할 금)	숲(林)은 보기만(示) 할 뿐 출입을 금하니
宀	+	示	=	宗(마루 종)	집(宀)에서 잘 보이는(示) 마루

다음 한자를 나누고 **자원**을 쓰면서 익히세요.

除
없앨 제
= ☐ + ☐

助
도울 조
= ☐ + ☐

早
이를 조
= ☐ + ☐ + ☐

造
이룰 조
= ☐ + ☐

鳥
새 조
=

尊
높을 존
= ☐ + ☐ + ☐

宗
마루 종
= ☐ + ☐

走
달릴 주
= ☐ + ☐

竹
대 죽
= ☐ + ☐ + ☐ + ☐

準
평평할 준
= ☐ + ☐ + ☐

다음 한자어의 **독음**을 쓰세요.

除 去	除 外	助 言	内 助
早 期	早 産	造 成	改 造
鳥 類	吉 鳥	尊 敬	尊 貴
宗 團	宗 敎	走 者	走 行
竹 葉	竹 刀	平 準	基 準

 다음 한자어를 **한자**로 쓰세요.

덜 제	없앨 거	도울 조	말씀 언	이를 조	때 기	이룰 조	이룰 성
새 조	무리 류	높을 존	공경할 경	종교 종	단체 단	달릴 주	사람 자
대 죽	잎 엽	평평할 평	평평할 준	제외할 제	바깥 외	아내 내	도울 조
이를 조	낳을 산	고칠 개	지을 조	길할 길	새 조	높을 존	귀할 귀
종교 종	종교교	달릴 주	다닐 행	대 죽	칼 도	터 기	표준 준

예문으로 한자어 익히기 (한자로 쓰인 단어의 뜻을 써보세요.)

1 냉장고에 냄새를 **除去**하는 방향제를 넣어 두었다.

2 경찰은 혐의가 없다고 판단하여 그를 수사 대상에서 **除外**하였다.

3 전문가들은 부모들에게 자녀와 대화할 기회를 수시로 마련해야 한다고 **助言**한다.

4 그가 성공하기까지는 남편을 **内助**한 부인의 공이 크다.

5 질병은 **早期**에 발견해야 치료가 쉽다.

6 임산부가 칠 개월 만에 미숙아를 **早産**하였다.

7 시장은 대규모 유원지 **造成**을 추진하고 있다.

8 학교를 병원으로 **改造**하면서 교무실과 교장실이 응급 처치실과 수술실로 되었다.

9 **鳥類** 중에는 철을 따라 이리저리 옮겨 다니며 사는 새도 있다.

10 우리나라에서는 까치를 **吉鳥**로 여기고 있다.

11 그는 강직하고 신념이 투철해서 모든 친구들로부터 **尊敬**과 신뢰를 받아 왔다.

12 모든 사람은 다 **尊貴**한 것이고, 그러므로 똑같이 존중받아야만 한다.

13 이번 일은 **宗團**의 결정에 따라야한다.

14 그가 이 어려움을 극복하는 데는 **宗敎**적인 힘이 컸다.

15 마지막 **走者**가 방금 결승점에 도착했다.

16 과속으로 **走行**하면 연료의 낭비가 심하다.

17 **竹葉**은 성질이 차서 한방에서 해열제로 쓴다.

18 검도는 **竹刀**를 이용해서 하는 운동으로 집중력 강화에 좋다.

19 자유 경쟁을 조절해서 국민 생활 전체를 **平準**한 방향으로 끌고 가야 한다.

20 시간급제는 종업원이 일한 시간을 **基準**으로 하여 임금이 지급되는 것이다.

191 衆 무리 중	血 6획	피(血)로 맺어진 **돼지**(豕) 무리
		血(피 혈) 豕(돼지 시) *돼지는 보통 10마리의 새끼를 낳는다고 합니다.
		衆
		• 觀衆(관중) : 구경하는 무리
		• 民衆(민중) : 국가나 사회를 구성하는 일반 국민

192 增 더할 증	土 12획	흙(土)을 **거듭**(曾) 쌓아 더하니
		土(흙 토) 八(여덟 팔) 口(에울 위) 忄(마음 심) 曰(말할 왈)
		增
		*曾(거듭 증) : 여덟(八) 명이 울타리(口)인 마음(忄)을 열고 말(曰)을 거듭하니
		• 增員(증원) : 사람을 늘림

193 指 가리킬 손가락 지	扌 6획	손(扌)을 **구부려**(匕) 말(曰)한 곳을 가리키니
		扌(손 수) 匕(구부릴 비) 曰(말할 왈)
		指
		• 指定(지정) : 가리켜 정함
		• 中指(중지) : 가운뎃손가락

194 志 뜻 지	心 3획	선비(士)처럼 **마음**(心)에 품은 뜻
		士(선비 사) 心(마음 심)
		志
		• 同志(동지) : 뜻이 서로 같은 사람
		• 意志(의지) : 어떠한 일을 이루고자 하는 마음

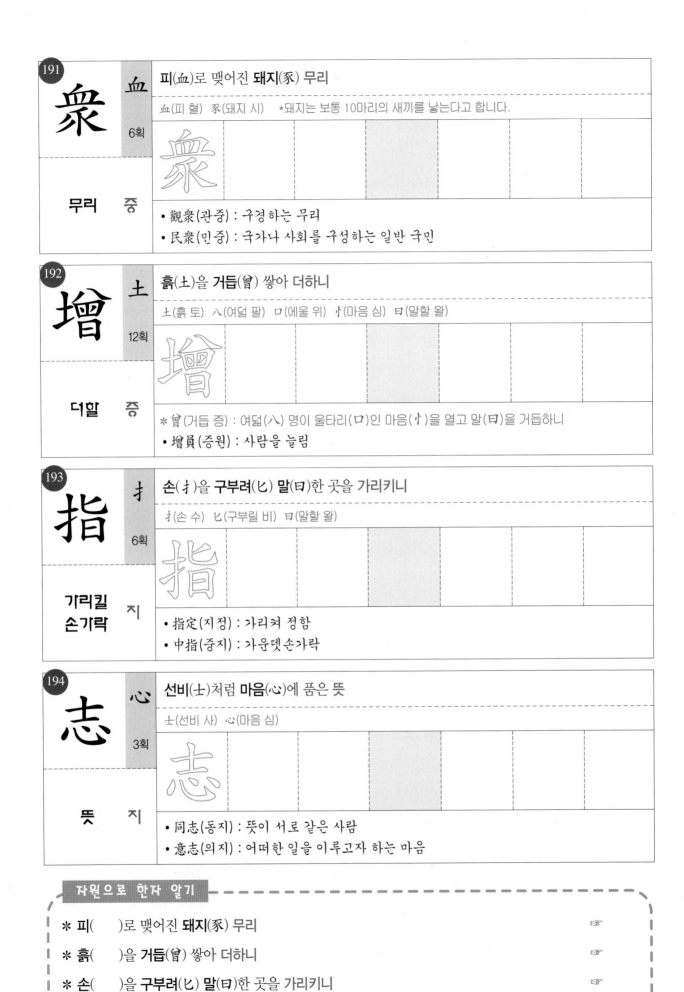

자원으로 한자 알기

* 피(   )로 맺어진 **돼지**(豕) 무리 ☞

* 흙(   )을 **거듭**(曾) 쌓아 더하니 ☞

* 손(   )을 **구부려**(匕) 말(曰)한 곳을 가리키니 ☞

* 선비(士)처럼 **마음**(   )에 품은 뜻 ☞

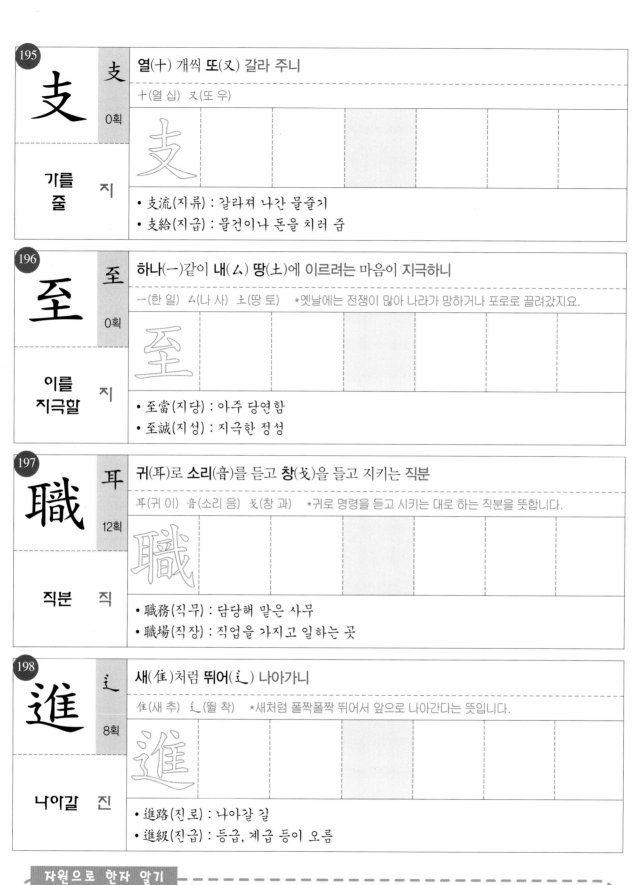

195 支 기를 줄	支 0획 지	**열(十) 개씩 또(又) 갈라 주니**
		十(열 십) 又(또 우)
		• 支流(지류) : 갈라져 나간 물줄기 • 支給(지급) : 물건이나 돈을 치러 줌

196 至 이를 지극할	至 0획 지	**하나(一)같이 내(厶) 땅(土)에 이르려는 마음이 지극하니**
		一(한 일) 厶(나 사) 土(땅 토) *옛날에는 전쟁이 많아 나라가 망하거나 포로로 끌려갔지요.
		• 至當(지당) : 아주 당연함 • 至誠(지성) : 지극한 정성

197 職 직분	耳 12획 직	**귀(耳)로 소리(音)를 듣고 창(戈)을 들고 지키는 직분**
		耳(귀 이) 音(소리 음) 戈(창 과) *귀로 명령을 듣고 시키는 대로 하는 직분을 뜻합니다.
		• 職務(직무) : 담당해 맡은 사무 • 職場(직장) : 직업을 가지고 일하는 곳

198 進 나아갈	辶 8획 진	**새(隹)처럼 뛰어(辶) 나아가니**
		隹(새 추) 辶(뛸 착) *새처럼 폴짝폴짝 뛰어서 앞으로 나아간다는 뜻입니다.
		• 進路(진로) : 나아갈 길 • 進級(진급) : 등급, 계급 등이 오름

자원으로 한자 알기

* **열**(十) 개씩 **또**(又) 갈라 주니   ☞

* **하나**(一)같이 **내**(厶) **땅**(土)에 이르려는 마음이 지극하니   ☞

* **귀**(   )로 **소리**(音)를 듣고 **창**(戈)을 들고 지키는 **직분**   ☞

* **새**(隹)처럼 **뛰어**(   ) 나아가니   ☞

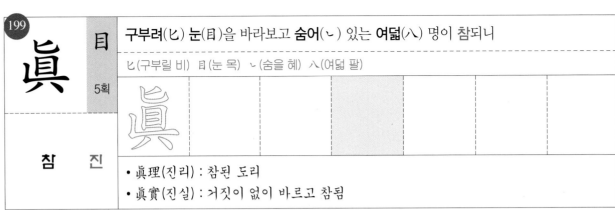

199 眞 5획 참 진	目	구부려(匕) 눈(目)을 바라보고 숨어(ㄴ) 있는 여덟(八) 명이 참되니
		匕(구부릴 비) 目(눈 목) ㄴ(숨을 혜) 八(여덟 팔)

• 眞理(진리) : 참된 도리
• 眞實(진실) : 거짓이 없이 바르고 참됨

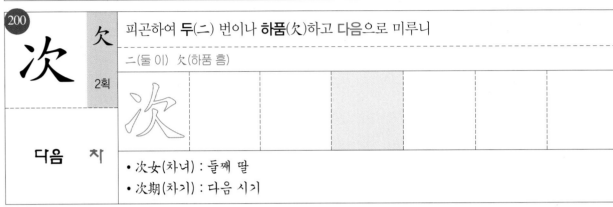

200 次 2획 다음 차	欠	피곤하여 두(二) 번이나 하품(欠)하고 다음으로 미루니
		二(둘 이) 欠(하품 흠)

• 次女(차녀) : 둘째 딸
• 次期(차기) : 다음 시기

자원으로 한자 알기

＊ **구부려(匕) 눈(　　)**을 바라보고 **숨어(ㄴ)** 있는 **여덟(八)** 명이 참되니　　☞

＊ 피곤하여 **두(二)** 번이나 **하품(　　)**하고 다음으로 미루니　　☞

一思多得

士	+	口	=	吉(길할 길)	선비(士)의 입(口)에서 나오는 말은 길하니
	+	心	=	志(뜻 지)	선비(士)처럼 마음(心)에 품은 뜻

197 職(직분 직)　識(알 식) 잘 구별하세요.

職(직분 직) : 귀(耳)로 소리(音)를 듣고 창(戈)을 들고 지키는 직분
識(알 식) : 말(言)이나 소리(音)를 창(戈)으로 알게 기록하니

199 眞(참 진)　直(곧을 직) 잘 구별하세요.

眞(참 진) : 구부려(匕) 눈(目)을 바라보고 숨어(ㄴ) 있는 여덟(八) 명이 참되니
直(곧을 직) : 많은(十) 눈(目)이 보고 있으면 숨어(ㄴ) 있어도 곧고 바르니

다음 한자를 나누고 **자원**을 쓰면서 익히세요.

衆
무리 중
= ☐ + ☐

增
더할 증
= ☐ + ☐

指
가리킬 지
= ☐ + ☐ + ☐

志
뜻 지
= ☐ + ☐

支
가를 지
= ☐ + ☐

至
이를 지
= ☐ + ☐ + ☐

職
직분 직
= ☐ + ☐ + ☐

進
나아갈 진
= ☐ + ☐

眞
참 진
= ☐ + ☐ + ☐ + ☐

次
다음 차
= ☐ + ☐

觀 衆	民 衆	增 員	指 定
中 指	同 志	意 志	支 流
支 給	至 當	至 誠	職 務
職 場	進 路	進 級	眞 理
眞 實	次 女	次 期	

 다음 한자어를 **한자**로 쓰세요.

볼 관	무리 중	더할 증	인원 원	가리킬 지	정할 정	같을 동	뜻 지
가를 지	흐를 류	지극할 지	마땅 당	직분 직	업무 무	나아갈 진	길 로
참 진	이치 리	다음 차	딸 녀	백성 민	무리 중	가운데 중	손가락 지
뜻 의	뜻 지	줄 지	줄 급	지극할 지	정성 성	직분 직	마당 장
나아갈 진	등급 급	참 진	실제 실	다음 차	때 기		

1. **觀衆**들의 환호에 배우들은 피곤한 줄도 몰랐다.

2. 그는 **民衆** 속에 뛰어들기에는 너무나 귀족적이고 이상적이었다.

3. 그들은 신입생 **增員** 문제로 학교 재단 측과 협의 중이다.

4. 이곳은 주거 용지로 **指定**된 곳이라 공장이 들어설 수 없다.

5. 건설 현장에서 일하시던 아빠는 **中指**가 절단되는 사고로 봉합 수술을 받았다.

6. 과거에는 적이었던 포로들이 지금은 자기편을 등지고 우리의 **同志**로 변해 버렸다.

7. 그는 이번 일을 성사시키려는 **意志**를 보였다.

8. 하늘에서 내려다본 인더스 강 상류에는 손바닥의 손금 같은 **支流**가 펼쳐져 있다.

9. 이번 달에는 모든 사원에게 특별 보너스가 **支給**되었다.

10. 역모를 꾸민 자에게 벌을 준다 함은 백 번 **至當**하신 말씀입니다.

11. 환자를 **至誠**으로 돌보다.

12. 위 사람은 맡은 바 **職務**에 충실하였으므로 이 상장을 수여합니다.

13. 그는 아침 일찍 **職場**으로 출근했다.

14. 북상하던 태풍의 **進路**가 바뀌었다.

15. 소령에서 중령으로 **進級**하다.

16. 그는 평생을 **眞理** 탐구에 진력했다.

17. 이번 사건의 **眞實**이 언젠가는 드러나고 말 것이다.

18. 나는 3남 2녀 중 **次女**이다.

19. 회사는 **次期** 경영권 문제로 어수선하다.

151. 울타리(   )를 관원(員)들이 둥글게 에워싸니   ☞

152. 따라다니며(   ) 위대한(韋) 사람을 지키니   ☞

153. 손톱(   )으로 원숭이가 머리를 긁는 모양으로 하다라는 뜻을 나타냄   ☞

154. 성(冂)에서 사람(人)과 사람(人)들이 즐겨 먹는 고기를 자른 모양   ☞

155. 의지하는(囙) 사람을 마음(   )에 은혜롭게 여기니   ☞

156. 언덕(   )이 지금(今) 구름(云)에 가려 그늘지니   ☞

157. 큰집(广)에서 사람(亻)들이 새(隹)처럼 조잘거리며 마음(   )으로 응하니   ☞

158. 양(   )처럼 나(我)는 옳게 살아야지   ☞

159. 말(   )하여 옳은(義) 결정을 하려고 의논하니   ☞

160. 벼(   )가 많이(多) 자라면 옮겨 심으니   ☞

161. 음식을 나누고(八) 한(一) 번 더 나누어(八) 그릇(   )에 더하니   ☞

162. 말(   )하여 칼날(刃) 앞에 마음(心)을 참고 안다고 인정하니   ☞

163. 사람(亻) 두(二) 명이 무릎 꿇고(   ) 찍는 도장   ☞

164. 활(   )줄을 송곳(丨) 같은 화살을 쏘려고 끌어당기니   ☞

165. 장수(爿)의 몸(月)이 되어 부하를 규칙(   )에 따라 지휘하니   ☞

166. 언덕(   )에 글(韋)을 써 붙여 출입을 막으니   ☞

167. 사람(   )은 자신을 낮게(氐) 낮추어야 하니   ☞

168. 하나(商)같이 원수를 치며(   ) 대적하니   ☞

169. 경계 지은 밭의 모양   ☞

170. 실(   )에 색(色)을 들이려고 알맞은 크기로 끊으니   ☞

171. 손(   )으로 서서(立) 여자(女)가 대접하니   ☞

172. 벼(   )를 살펴 입(口)으로 크게(壬) 법칙에 따라 등급을 외치니   ☞

173. 바르게(正) 살도록 쳐(   ) 다스리는 정사   ☞

174. 쌀(   )을 푸른(靑)빛이 날 정도로 씻어 깨끗하니   ☞

175. 사람(亼)이 하나(一)의 헝겊(巾)을 칼(   )로 절제하여 마름질하니   ☞

자원으로 한자 알기.

176. **사람**(人)이 **하나**(一)의 **헝겊**(巾)을 **칼**(刂)로 잘라 **옷**(　)을 지으니　☞

177. **물**(　)결이 **가지런하여**(齊) 잔잔할 때 건너가 구제하니　☞

178. **손**(　)으로 **옳은**(是) 증거를 드러내니　☞

179. **고기**(月)를 바치며 **또**(又) **신**(　)에게 제사지내니　☞

180. **언덕**(　)에 모여 **제사**(祭) 지내며 사귀니　☞

181. **언덕**(　)에 **남아**(余) 있는 적을 없애니　☞

182. **또**(且) **힘**(　)써 도우니　☞

183. **해**(　)가 **땅**(一)을 **뚫고**(丨) 이른 아침에 떠오르니　☞

184. 계획을 **알리고**(告) **뛰어**(　)가 일을 이루니　☞

185. 꽁지가 긴 새의 모양　☞

186. **나누어**(八) **술**(酉)을 **규칙**(　)에 따라 높은 사람에게 바치니　☞

187. **집**(　)에서 잘 **보이는**(示) 마루　☞

188. **땅**(土)을 **발**(龰)로 달리니　☞

189. **사람**(人)이 **송곳**(丨)과 **사람**(人)이 **갈고리**(亅)를 만드는 대나무　☞

190. **물**(　) 위를 **새**(隹) **열**(十) 마리가 평평하게 나니　☞

191. **피**(　)로 맺어진 **돼지**(豕) 무리　☞

192. **흙**(　)을 **거듭**(曾) 쌓아 더하니　☞

193. **손**(　)을 **구부려**(匕) **말**(曰)한 곳을 가리키니　☞

194. **선비**(士)처럼 **마음**(　)에 품은 뜻　☞

195. **열**(十) 개씩 **또**(又) 갈라 주니　☞

196. **하나**(一)같이 **내**(厶) **땅**(土)에 이르려는 마음이 지극하니　☞

197. **귀**(　)로 소리(音)를 듣고 **창**(戈)을 들고 지키는 직분　☞

198. **새**(隹)처럼 **뛰어**(　) 나아가니　☞

199. **구부려**(匕) **눈**(　)을 바라보고 **숨어**(乚) 있는 **여덟**(八) 명이 참되니　☞

200. 피곤하여 **두**(二) 번이나 **하품**(　)하고 다음으로 미루니　☞

161

圓 衛 爲 肉 恩 陰 應

義 議 移 益 認 印 引

將 障 低 　 敵 田 絶

接 程 　 　 　 政 精

制 　 4Ⅱ 151-200번 형성평가 　 製

濟 提 　 　 　 祭 際

除 助 早 　 造 鳥 尊

宗 走 竹 準 衆 增 指

志 支 至 職 進 眞 次

다음 뜻과 음을 지닌 **한자**를 쓰세요.

둥글 원	지킬 위	할 위	고기 육	은혜 은	그늘 음	응할 응
옳을 의	의논할 의	옮길 이	더할 익	알 인	도장 인	끌 인
장수 장	막을 장	낮을 저		대적할 적	밭 전	끊을 절
이을 접	한도 정				정사 정	깨끗할 정
절제할 제						지을 제
건널 제	드러낼 제				제사 제	사귈 제
덜 제	도울 조	이를 조		지을 조	새 조	높을 존
마루 종	달릴 주	대 죽	평평할 준	무리 중	더할 증	가리킬 지
뜻 지	가를 지	이를 지	직분 직	나아갈 진	참 진	다음 차

4Ⅱ 151-200번
형성평가

201 察 11획 宀 살필 **찰**	집(宀)에서 **제사(祭)**를 지내려고 **살피니**
	宀(집 면) 祭(제사 제)　*제사에 소홀함이 없도록 살핀다는 뜻입니다.
	察
	• 省察(성찰) : 반성하여 살핌 • 監察(감찰) : 감시하여 살핌

202 創 10획 刂 시작할 **창**	창고(倉)에서 **칼(刂)**을 꺼내어 싸움을 **시작하니**
	人(사람 인) 丶(점 주) 尸(문 호) 口(어귀 구) 刂(칼 도)
	創
	*倉(곳집 창) : 사람(人)이 점(丶) 같은 작은 문(尸)을 달고 입구(口)를 낸 창고 • 創業(창업) : 사업을 시작함

203 處 5획 虍 곳 처리할 **처**	범(虍)처럼 **천천히 걸어(夂)**가 책상(几)이 있는 곳에서 무섭게 일을 **처리하니**
	虍(범 호) 夂(천천히 걸을 쇠) 几(책상 궤)　*무서운 선생님을 호랑이 선생님이라고 하죠?
	處
	• 近處(근처) : 가까운 곳 • 處理(처리) : 일을 다스려 치르거나 마무리를 지음

204 請 8획 言 청할 **청**	말(言)하여 **젊은이(靑)**가 **청하니**
	言(말씀 언) 靑(젊을 청)
	請
	• 請求(청구) : 달라고 요구함 • 申請(신청) : 신고하여 청구함

자원으로 한자 알기

* 집(　)에서 **제사(祭)**를 지내려고 **살피니**　☞

* 창고(倉)에서 **칼(　)**을 꺼내어 싸움을 **시작하니**　☞

* 범(　)처럼 **천천히 걸어(夂)**가 책상(几)이 있는 곳에서 무섭게 일을 **처리하니**　☞

* 말(　)하여 **젊은이(靑)**가 **청하니**　☞

205	糸	실(糸)과 끈(丿)으로 에워싸듯(口) 서서히(夂) 마음(心)을 다 모으니
總 11획		糸(실 사) 丿(끈 별) 口(에울 위) 夂(천천히 걸을 쇠) 心(마음 심)
		總						
다 총		• 總力(총력) : 모든 힘 • 總計(총계) : 전체를 통틀어 계산함

206	金	쇠(金)로 만들어 탄약을 채워(充) 쏘는 총
銃 6획		金(쇠 금) 充(채울 충)
		銃						
총 총		• 銃聲(총성) : 총소리 • 銃器(총기) : 소총, 권총 등의 병기

207	艹	풀(艹)을 검은(玄) 밭(田)에서 기르는 짐승에게 먹이려고 모으니
蓄 10획		艹(풀 초) 玄(검을 현) 田(밭 전)
		蓄						
모을 축		• 蓄財(축재) : 재물을 모음 • 備蓄(비축) : 만약의 경우를 대비하여 미리 갖추어 모아둠

208	竹	대(竹)로 장인(工)이 무릇(凡) 나무(木)처럼 쌓아 집을 지으니
築 10획		竹(대 죽) 工(장인 공) 凡(책상 궤) 丶(점 주) 木(나무 목) *무릇 : 대체로 헤아려 생각하건대
		築						
쌓을 지을 축		*凡(무릇 범) : 책상(几)에 있는 점(丶)은 무릇 흔하니 • 建築(건축) : 건물을 만드는 일

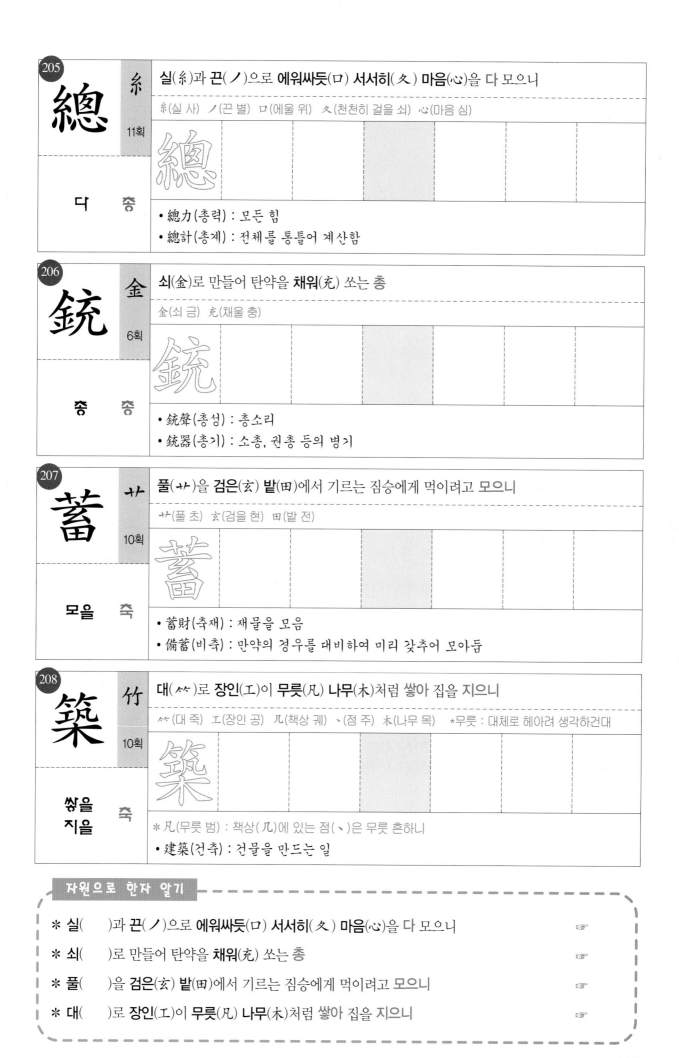

자원으로 한자 알기

＊ 실(   )과 끈(丿)으로 에워싸듯(口) 서서히(夂) 마음(心)을 다 모으니   ☞

＊ 쇠(   )로 만들어 탄약을 채워(充) 쏘는 총   ☞

＊ 풀(   )을 검은(玄) 밭(田)에서 기르는 짐승에게 먹이려고 모으니   ☞

＊ 대(   )로 장인(工)이 무릇(凡) 나무(木)처럼 쌓아 집을 지으니   ☞

209 忠 心 4획 충성 충	가운데(中) 마음(心)속에서 우러나오는 충성

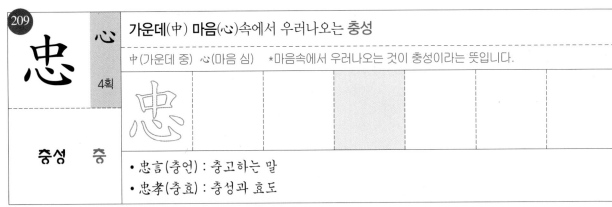

- 忠言(충언) : 충고하는 말
- 忠孝(충효) : 충성과 효도

中(가운데 중) 心(마음 심) *마음속에서 우러나오는 것이 충성이라는 뜻입니다.

210 蟲 虫 12획 벌레 충	벌레(虫)가 모여 있는 모양

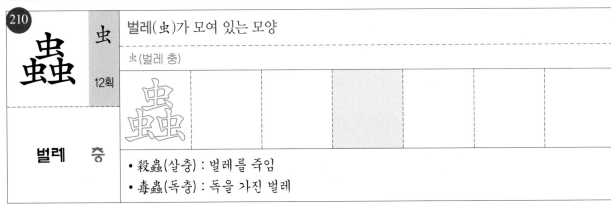

- 殺蟲(살충) : 벌레를 죽임
- 毒蟲(독충) : 독을 가진 벌레

虫(벌레 충)

자원으로 한자 알기

✽ 가운데(中) 마음(　)속에서 우러나오는 충성 ☞

✽ 벌레(　)가 모여 있는 모양 ☞

一思多得

201 祭(제사 제) 際(사귈 제) 察(살필 찰) 잘 구별하세요.

祭(제사 제) : 고기(月)를 바치며 또(又) 신(示)에게 제사지내니

際(사귈 제) : 언덕(阝)에 모여 제사(祭) 지내며 사귀니

察(살필 찰) : 집(宀)에서 제사(祭)를 지내려고 살피니

氵	+		=	淸(맑을 청)	물(氵)이 푸른(靑)빛이 날 정도로 맑고 깨끗하니
米	+	靑	=	精(깨끗할 정)	쌀(米)을 푸른(靑)빛이 날 정도로 씻어 깨끗하니
言	+		=	請(청할 청)	말(言)하여 젊은이(靑)가 청하니

察 = ☐ + ☐
살필 찰

創 = ☐ + ☐
시작할 창

處 = ☐ + ☐ + ☐
곳 처

請 = ☐ + ☐
청할 청

總 = ☐ + ☐ + ☐ + ☐ + ☐
다 총

銃 = ☐ + ☐
총 총

蓄 = ☐ + ☐ + ☐
모을 축

築 = ☐ + ☐ + ☐ + ☐
쌓을 축

忠 = ☐ + ☐
충성 충

蟲 = ☐
벌레 충

다음 한자어의 **독음**을 쓰세요.

省 察	監 察	創 業	近 處
處 理	請 求	申 請	總 力
總 計	銃 聲	銃 器	蓄 財
備 蓄	建 築	忠 言	忠 孝
殺 蟲	毒 蟲		

다음 한자어를 **한자**로 쓰세요.

살필 성	살필 찰	시작할 창	일 업	가까울 근	곳 처	청할 청	구할 구
다 총	힘 력	총 총	소리 성	모을 축	재물 재	세울 건	지을 축
충성 충	말씀 언	죽일 살	벌레 충	살필 감	살필 찰	처리할 처	다스릴 리
아뢸 신	청할 청	다 총	셈 계	총 총	도구 기	갖출 비	모을 축
충성 충	효도 효	독 독	벌레 충				

예문으로 한자어 익히기 (한자로 쓰인 단어의 뜻을 써보세요.)

1 수도자는 자신의 내면적인 **省察**과 자각을 게을리 하지 않아야 한다.

2 감사원은 앞으로 공직자들의 비리를 철저히 **監察**할 것이라고 발표했다.

3 그 회사는 **創業** 이래 최대의 고비를 맞고 있다.

4 사기를 치고 도망 중인 그는 경찰서 **近處**에는 얼씬도 하지 못했다.

5 새 컴퓨터는 **處理** 속도가 빨랐다.

6 종이가 모자라면 **請求**하시오.

7 과장에게 이틀 동안 휴가를 **申請**하다.

8 우리 회사는 수출에 **總力**을 기울여 수출 1위를 되찾기로 했다.

9 지엔피(GNP)란 한 나라에서 생산된 재화와 서비스의 가치를 **總計**한 것이다.

10 사병들이 요란한 **銃聲**에 놀라 갈팡질팡 어둠 속을 뛰고 있다.

11 체포 당시 범인은 **銃器**를 소지하고 있었다.

12 그는 **蓄財**하는 데 비상한 재능이 있었다.

13 군사 작전에서는 군량미의 **備蓄**이 중요하다.

14 그 성당은 100년에 걸쳐 **建築**되었다.

15 역적으로 몰리는 한이 있어도 국왕께 **忠言**을 드리는 것이 신하의 도리이다.

16 **忠孝**는 백행의 근본이다.

17 지금이 아니면 **殺蟲**해야 할 시기를 놓치게 된다.

18 진드기나 거머리나 **毒蟲**들이 내 온몸에 달라붙어 쏘아 대는 것 같았다.

211 取 6획	又	적을 죽인 표시로 **귀(耳)**를 잘라 **또(又)** 취하여 가지니
		耳(귀 이) 又(또 우) *옛날에는 싸움에서 이기면 적의 귀나 코를 잘랐다고 합니다.
취할 가질 취		取
		• 受取(수취) : 받아서 가짐 • 取得(취득) : 자기 소유로 함

212 測 9획	氵	**물(氵)**의 양을 **법칙(則)**에 따라 헤아리니
		氵(물 수) 則(곧 즉, 법칙 칙) *비가 내리면 비의 양이나 저수지의 물의 양을 헤아리죠?
헤아릴 측		測
		• 測定(측정) : 헤아려서 정함 • 測量(측량) : 기기를 써서 물건의 높이, 깊이, 넓이 따위를 잼

213 置 8획	罒	**그물(罒)**을 **곧게(直)** 펴 두니
		罒(그물 망) 直(곧을 직) *물고기나 짐승을 잡으려고 그물을 곧게 펴 둔다는 뜻입니다.
둘 치		置
		• 放置(방치) : 내버려 둠 • 位置(위치) : 일정한 곳에 자리를 차지함

214 治 5획	氵	**물(氵)**을 **사사로이(厶) 입(口)**으로 마실 수 있도록 다스리니
		氵(물 수) 厶(사사로울 사) 口(입 구) *물을 안심하고 마실 수 있도록 깨끗하게 관리한다는 뜻
다스릴 치		治
		• 完治(완치) : 병을 완전히 낫게 함 • 治安(치안) : 나라를 잘 다스려 평안하게 함

자원으로 한자 알기

* 적을 죽인 표시로 **귀(耳)**를 잘라 **또( )** 취하여 가지니 ☞

* **물( )**의 양을 **법칙(則)**에 따라 헤아리니 ☞

* **그물( )**을 **곧게(直)** 펴 두니 ☞

* **물( )**을 **사사로이(厶) 입(口)**으로 마실 수 있도록 다스리니 ☞

215 齒	齒 0획	그쳐(止) 있는 윗니(ㅅㅅ)와 혀(一) 아랫니(ㅅㅅ)가 입(凵) 안에 나 있는 이의 모양
		止(그칠 지) ㅅㅅ(이의 모양) 一(혀를 뜻함) 凵(입 벌릴 감)
이 치		齒
		• 蟲齒(충치) : 벌레 먹은 이 • 齒科(치과) : 이를 전문으로 치료하고 연구하는 의학의 한 분야

216 侵	亻 7획	사람(亻)이 손(⺕)으로 복면을 덮어(冖) 쓰고 또(又) 침노하니
		亻(사람 인) ⺕(손 우) 冖(덮을 멱) 又(또 우)
침노할 침		侵
		• 侵入(침입) : 침범하여 들어감 • 侵害(침해) : 침범하여 해를 끼침

217 快	忄 4획	마음(忄)을 터놓고(夬) 이야기하면 속이 시원하니
		忄(마음 심) 夬(터질 쾌)
시원할 쾌		快
		• 快感(쾌감) : 상쾌하고 좋은 느낌 • 快樂(쾌락) : 기분이 좋고 즐거움

218 態	心 10획	능히(能) 할 수 있다는 마음(心)이 겉으로 드러난 모습
		能(능할 능) 心(마음 심) *자신 있는 마음이 겉으로 드러난 모습이라는 뜻입니다.
모습 태		態
		• 動態(동태) : 움직이는 상태 • 形態(형태) : 사물의 생김새

자원으로 한자 알기

* 그쳐(止) 있는 윗니(ㅅㅅ)와 혀(一) 아랫니(ㅅㅅ)가 입(凵) 안에 나 있는 이의 모양 ☞
* 사람(　)이 손(⺕)으로 복면을 덮어(冖) 쓰고 또(又) 침노하니 ☞
* 마음(　)을 터놓고(夬) 이야기하면 속이 시원하니 ☞
* 능히(能) 할 수 있다는 마음(　)이 겉으로 드러난 모습 ☞

219 統 6획	糸	실(糸)로 묶어서 **가득**(充) 합쳐 거느리니
		糸(실 사) 充(가득할 충) *물건을 보관하거나 휴대하기 편하게 줄로 묶어서 합친다는 뜻입니다.
합칠 거느릴 통		統
		• 統一(통일) : 하나로 합침 • 統合(통합) : 모두 합쳐서 하나로 모음

220 退 6획	辶	일을 **그치고**(艮) **뛰어**(辶) 물러나니
		艮(그칠 간) 辶(뛸 착) *하던 일을 멈추고 뛰어서 물러난다는 뜻입니다.
물러날 퇴		退
		• 退場(퇴장) : 무대 등에서 물러나옴 • 退治(퇴치) : 물리쳐서 아주 없애 버림

자원으로 한자 알기

* 실(   )로 묶어서 **가득**(充) 합쳐 거느리니   ☞
* 일을 **그치고**(艮) **뛰어**(   ) 물러나니   ☞

一思多得

四	+ 糸 隹	= 羅(벌릴 라)	그물(罒)을 실(糸)로 짜 새(隹)를 잡으려고 벌려 놓으니
	+ 言 刂	= 罰(벌할 벌)	법망(罒)에 걸린 자를 말(言)과 칼(刂)로 벌하니
	+ 直	= 置(둘 치)	그물(罒)을 곧게(直) 펴 두니

氵	+	= 決(결단할 결)	물(氵) 흐르듯 마음을 터놓고(夬) 결단하여 정하니
缶	+ 夬	= 缺(이지러질 결)	장군(缶)이 터져(夬) 이지러지고 내용물이 빠지니
忄	+	= 快(시원할 쾌)	마음(忄)을 터놓고(夬) 이야기하면 속이 시원하니

金	+	= 銃(총 총)	쇠(金)로 만들어 탄약을 채워(充) 쏘는 총
糸	+ 充	= 統(거느릴 통)	실(糸)로 묶어서 **가득**(充) 합쳐 거느리니

다음 한자를 나누고 **자원**을 쓰면서 익히세요.

取
가질 취
= ☐ + ☐

測
헤아릴 측
= ☐ + ☐

置
둘 치
= ☐ + ☐

治
다스릴 치
= ☐ + ☐ + ☐

齒
이 치
= ☐ + ☐ + ☐ + ☐ + ☐

侵
침노할 침
= ☐ + ☐ + ☐ + ☐

快
시원할 쾌
= ☐ + ☐

態
모습 태
= ☐ + ☐

統
거느릴 통
= ☐ + ☐

退
물러날 퇴
= ☐ + ☐

다음 한자어의 **독음**을 쓰세요.

受 取	取 得	測 定	測 量
放 置	位 置	完 治	治 安
蟲 齒	齒 科	侵 入	侵 害
快 感	快 樂	動 態	形 態
統 一	統 合	退 場	退 治

 다음 한자어를 **한자**로 쓰세요.

받을 수	가질 취	헤아릴 측	정할 정	놓을 방	둘 치	완전할 완	다스릴 치
벌레 충	이 치	침노할 침	들 입	시원할 쾌	느낄 감	움직일 동	모습 태
합칠 통	한 일	물러날 퇴	마당 장	가질 취	얻을 득	헤아릴 측	헤아릴 량
자리 위	둘 치	다스릴 치	편안할 안	이 치	과목 과	침노할 침	해할 해
시원할 쾌	즐길 락	모양 형	모습 태	합칠 통	합할 합	물리칠 퇴	다스릴 치

1. 삼촌은 보내온 선물을 **受取**하지 않고 되돌려 보냈다.

2. 그는 운전면허증을 **取得**하고 바로 차를 샀다.

3. 간호사는 온도계로 체온을 **測定**하였다.

4. 철도 부설 예정지를 답사 **測量**하기 시작했다.

5. 고장 난 문을 고치지 않고 그 상태로 **放置**해 두었더니 열 때마다 소리가 났다.

6. 나침반조차 없이 줄곧 산으로만 이동해 온 그들은, 현재의 **位置**가 어디쯤인지 전혀 몰랐다.

7. 그는 병가를 무기한으로 얻을 수 없기 때문에 아직 **完治**되지 않은 몸으로 출근했다.

8. 끝까지 농성을 벌여 **治安**을 혼란시킨다면 한 사람도 남김없이 준엄하게 다스릴 것이다.

9. 평상시 양치하는 습관을 잘 들여 **蟲齒**를 예방해야 한다.

10. **齒科**에 가서 사랑니를 뽑았다.

11. 중환자실은 세균의 **侵入**을 막기 위하여 철저하게 외부와 격리되어 있다.

12. 무분별한 CCTV 설치로 사생활 **侵害**가 우려된다.

13. 공포 영화를 보면 스릴과 **快感**을 맛볼 수 있다.

14. 한 권의 양서를 읽는다는 것은 우리 인간이 누릴 수 있는 **快樂** 중 하나이다.

15. 왜적들은 화살이 뜸하면 또다시 이편의 **動態**를 엿보느라고 몇 명씩 강가로 기어 나왔다.

16. 이번에 출토된 유물은 지난번 것과 **形態**가 유사하다.

17. 우리나라가 **統一**되는 날 가장 기뻐할 이는 아마도 이산가족일 것이다.

18. 지도자는 국민 개개인의 힘을 **統合**할 수 있는 정치력을 발휘해야 한다.

19. 연극이 끝나자 관객들이 **退場**하기 시작했다.

20. 섬나라 일본한테 붙어서 종사를 위태롭게 하고 있는 무리들을 **退治**해야 한다.

221 波 5획 물결 파	氵	물(氵)의 **가죽**(皮)에서 이는 **물결**
		氵(물 수) 皮(가죽 피) *물의 겉면에서 물결이 인다는 뜻입니다.
		波
		• 波高(파고) : 물결의 높이 • 波動(파동) : 물결의 움직임

222 破 5획 깨뜨릴 파	石	돌(石)의 **가죽**(皮)은 단단하여 **깨지니**
		石(돌 석) 皮(가죽 피)
		破
		• 破格(파격) : 격식을 깨뜨림 • 破産(파산) : 재산을 모두 잃고 망함

223 包 3획 쌀 포	勹	허물에 **싸여**(勹) 있는 **뱀**(巳)처럼 구불구불 **싸니**
		勹(쌀 포) 巳(뱀 사) *물건을 구불구불하게 싼다는 뜻입니다.
		包
		• 内包(내포) : 어떤 성질이나 뜻을 그 속에 지님 • 包容(포용) : 남을 너그럽게 감싸주거나 받아들임

224 砲 5획 대포 포	石	돌(石)을 **싸**(包) 대포처럼 **쏘니**
		石(돌 석) 包(쌀 포) *투석기 : 큰 돌을 성이나 적진으로 쏘아 던지던 병기
		砲
		• 發砲(발포) : 대포를 쏨 • 祝砲(축포) : 축하의 뜻으로 쏘는 공포

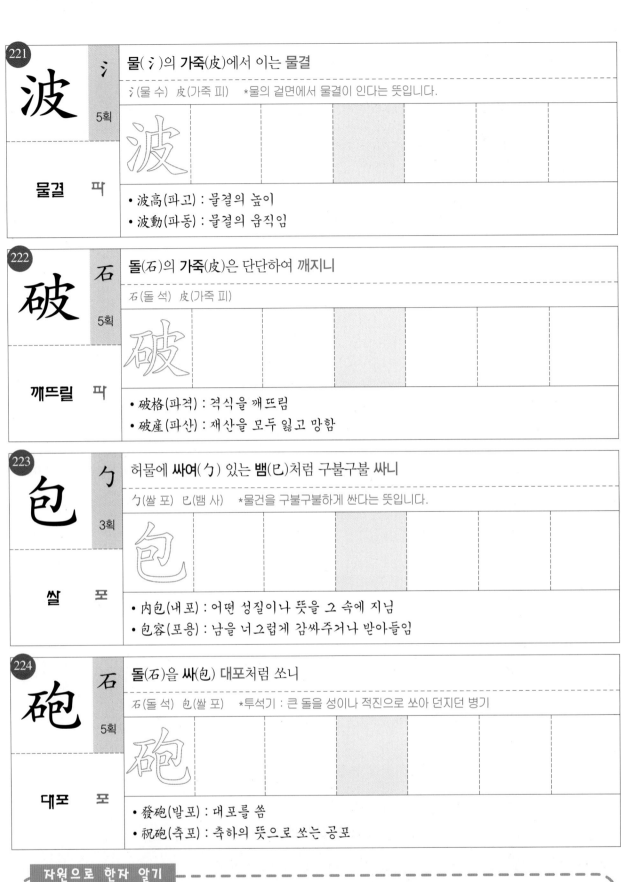

자원으로 한자 알기

✻ 물(　　)의 **가죽**(皮)에서 이는 **물결**　　　　☞

✻ 돌(　　)의 **가죽**(皮)은 단단하여 **깨지니**　　　☞

✻ 허물에 **싸여**(　　) 있는 **뱀**(巳)처럼 구불구불 **싸니**　　☞

✻ 돌(　　)을 **싸**(包) 대포처럼 **쏘니**　　　　☞

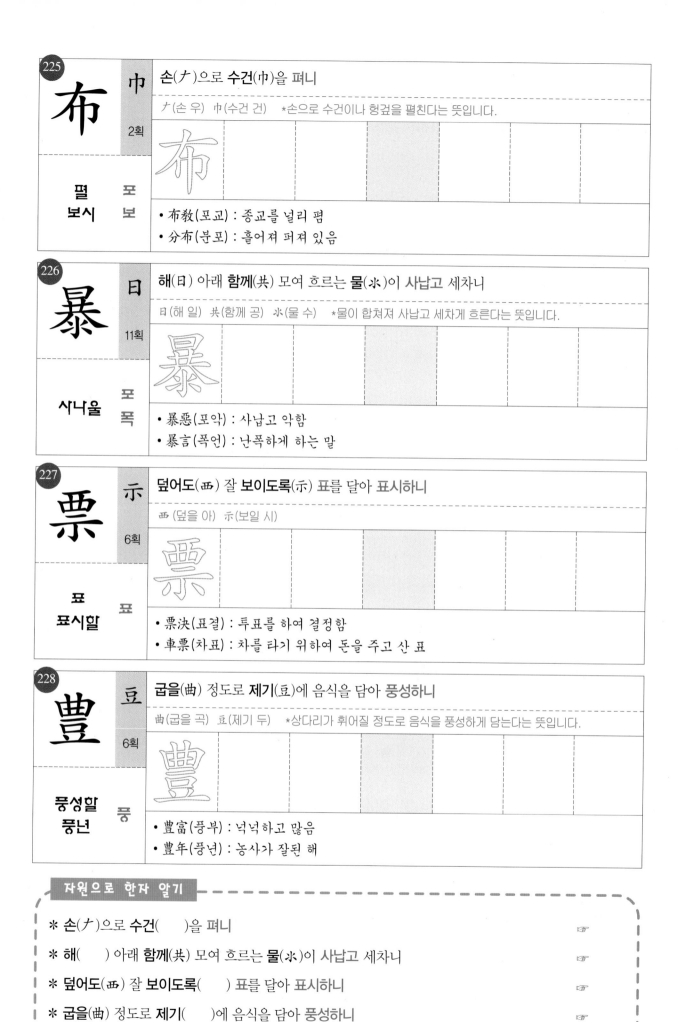

225 布	巾 2획	손(ナ)으로 **수건**(巾)을 펴니
		ナ(손 우) 巾(수건 건)　*손으로 수건이나 헝겊을 펼친다는 뜻입니다.
펼 포 보시 보		布
		• 布敎(포교) : 종교를 널리 폄 • 分布(분포) : 흩어져 퍼져 있음

226 暴	日 11획	해(日) 아래 **함께**(共) 모여 흐르는 **물**(氺)이 사납고 세차니
		日(해 일) 共(함께 공) 氺(물 수)　*물이 합쳐져 사납고 세차게 흐른다는 뜻입니다.
사나울 포 폭		暴
		• 暴惡(포악) : 사납고 악함 • 暴言(폭언) : 난폭하게 하는 말

227 票	示 6획	덮어도(覀) 잘 **보이도록**(示) 표를 달아 **표시하니**
		覀(덮을 아) 示(보일 시)
표 표 표시할		票
		• 票決(표결) : 투표를 하여 결정함 • 車票(차표) : 차를 타기 위하여 돈을 주고 산 표

228 豊	豆 6획	굽을(曲) 정도로 **제기**(豆)에 음식을 담아 **풍성하니**
		曲(굽을 곡) 豆(제기 두)　*상다리가 휘어질 정도로 음식을 풍성하게 담는다는 뜻입니다.
풍성할 풍 풍년		豊
		• 豊富(풍부) : 넉넉하고 많음 • 豊年(풍년) : 농사가 잘된 해

자원으로 한자 알기

＊ 손(ナ)으로 **수건**(　)을 펴니　　☞

＊ 해(　) 아래 **함께**(共) 모여 흐르는 **물**(氺)이 사납고 세차니　　☞

＊ 덮어도(覀) 잘 **보이도록**(　) 표를 달아 **표시하니**　　☞

＊ 굽을(曲) 정도로 **제기**(　)에 음식을 담아 **풍성하니**　　☞

229 限 6획 한정 한계	阝 한	언덕(阝)이 **그쳐**(艮) 길을 막아 갈 길이 **한정**되니 阝(언덕 부) 艮(그칠 간) *언덕이 막고 있어 길이 한정된다는 뜻입니다. 限					
		• 無限(무한) : 한이 없음 • 限界(한계) : 사물의 정해 놓은 범위					

230 航 4획 건널 항	舟 항	배(舟)에 **높게**(亢) 돛을 달고 바다를 **건너**니 舟(배 주) 亠(머리 두) 几(책상 궤) *옛날에는 배에 돛을 달고 다녔지요? 航					
		*亢(높을 항) : 머리(亠)에 닿을 정도로 책상(几)이 높으니 • 航海(항해) : 바다를 건넘					

* 언덕(   )이 **그쳐**(艮) 길을 막아 갈 길이 **한정**되니 ☞
* 배(   )에 **높게**(亢) 돛을 달고 바다를 **건너**니 ☞

一思多得

氵	+	皮	=	波(물결 파)	물(氵)의 **가죽**(皮)에서 이는 **물결**
石	+		=	破(깨뜨릴 파)	돌(石)의 **가죽**(皮)은 단단하여 **깨지**니

癶	+	豆	=	登(오를 등)	걸어서(癶) 제기(豆)를 들고 신전에 **오르**니
曲	+		=	豊(풍성할 풍)	굽을(曲) 정도로 제기(豆)에 음식을 담아 **풍성**하니

木	+	艮	=	根(뿌리 근)	나무(木)가 제자리에 **그쳐**(艮) 있는 것은 **뿌리** 때문이니
金	+		=	銀(은 은)	값어치가 금(金) 다음에 **그쳐**(艮) 있는 **은**
丶	+		=	良(어질 량)	점(丶) 같은 작은 잘못도 **그치면**(艮) **어질**고 좋으니
目	+		=	眼(눈 안)	눈(目)구멍에 **그쳐**(艮) 있는 **눈**
阝	+		=	限(한정 한)	언덕(阝)이 **그쳐**(艮) 길을 막아 갈 길이 **한정**되니

다음 한자를 나누고 **자원**을 쓰면서 익히세요.

波
물결 파 = ☐ + ☐

破
깨뜨릴 파 = ☐ + ☐

包
쌀 포 = ☐ + ☐

砲
대포 포 = ☐ + ☐

布
펼 포 = ☐ + ☐

暴
사나울 폭 = ☐ + ☐ + ☐

票
표 표 = ☐ + ☐

豊
풍성할 풍 = ☐ + ☐

限
한정 한 = ☐ + ☐

航
건널 항 = ☐ + ☐

다음 한자어의 **독음**을 쓰세요.

波 高	波 動	破 格	破 産
内 包	包 容	發 砲	祝 砲
布 教	分 布	暴 惡	暴 言
票 決	車 票	豊 富	豊 年
無 限	限 界	航 海	

다음 한자어를 **한자**로 쓰세요.

물결 파	높을 고	깨뜨릴 파	격식 격	안 내	쌀 포	쏠 발	대포 포
펼 포	종교 교	사나울 포	악할 악	표 표	정할 결	풍성할 풍	넉넉할 부
없을 무	한정 한	건널 항	바다 해	물결 파	움직일 동	깨뜨릴 파	자산 산
용납할 포	용납할 용	축하할 축	대포 포	나눌 분	펼 포	사나울 폭	말씀 언
차 차	표 표	풍년 풍	해 년	한계 한	경계 계		

1 태풍의 영향으로 **波高**가 높다.

2 수면에 **波動**이 일어나다.

3 그녀는 검정 스웨터에 낡은 바지를 입고 있었으니 파티 복장으론 **破格**적이었다.

4 사장은 회사의 **破産**을 막으려고 갖은 애를 쓰고 있다.

5 사장의 말은 복합적인 의미를 **内包**하고 있다.

6 그는 성정이 온화하여 남을 너그럽게 **包容**할 줄 아는 사람이다.

7 신호탄이 오르기 전까지 절대로 단독적인 **發砲**는 엄금한다.

8 거리는 음악과 깃발이 출렁였고, 축제 분위기가 한창 무르익는 가운데 **祝砲**가 터졌다.

9 그는 기독교의 **布教** 활동을 펼치기 위해 일생을 바쳤다.

10 정부는 이 지역에 **分布**되어 있는 천연기념물을 보호하도록 했다.

11 그는 성질이 **暴惡**해서 사람들의 미움을 받았다.

12 그는 다른 사람의 인격을 짓밟는 **暴言**을 서슴지 않았다.

13 본회의에서 안건을 **票決**하다.

14 승무원이 **車票**를 검사하러 들어왔다.

15 이 강물의 유역들은 토질이 비옥하고 물이 **豊富**하다.

16 흡족한 비에 마을 사람들은 **豊年**이라도 만난 듯 기뻐 날뛰었다.

17 여러분 앞날에 **無限**한 영광이 있기를 진심으로 기원합니다.

18 거대한 조직 사회 안에서 개인의 힘이란 **限界**가 있기 마련이다.

19 기상 조건이 호전되면 오전에는 **航海**가 가능할 것이다.

231 港 氵 9획 항구 항	물(氵)에 접하고 있는 **거리(巷)**는 항구이니
	氵(물 수) 共(함께 공) 巳(뱀 사)
	*巷(거리 항) : 함께(共) 다닐 수 있도록 만든 뱀(巳)처럼 구불구불한 거리
	• 港口(항구) : 배가 드나들고 모이는 곳

232 解 角 6획 풀 해	**뿔(角)**부터 **칼(刀)**로 **소(牛)**를 갈라 해부하여 **푸니**
	角(뿔 각) 刀(칼 도) 牛(소 우) *소를 잡으면 뿔부터 칼로 해체한다는 뜻입니다.
	• 和解(화해) : 다투던 일을 풂
	• 解決(해결) : 어려운 문제를 풂

233 鄕 阝 10획 시골 향	키는 **작고(幺)** 머리는 **희고(白)** 허리는 **구부러진(匕)** 사람이 많은 **고을(阝)**은 **시골**이니
	幺(작을 요) 白(흰 백) 匕(구부릴 비) 阝(고을 읍) *예나 지금이나 시골은 늙은 사람들만 있죠?
	• 京鄕(경향) : 서울과 시골
	• 故鄕(고향) : 나서 자란 곳

234 香 香 0획 향기 향	**벼(禾)**가 **햇빛(日)**에 여물어 **향기** 나니
	禾(벼 화) 日(해 일)
	• 香水(향수) : 향내가 나는 물
	• 香料(향료) : 향을 내는 물건

자원으로 한자 알기

* 물(   )에 접하고 있는 **거리(巷)**는 항구이니   ☞

* 뿔(   )부터 **칼(刀)**로 **소(牛)**를 갈라 해부하여 **푸니**   ☞

* 키는 **작고(幺)** 머리는 **희고(白)** 허리는 **구부러진(匕)** 사람이 많은 **고을(   )**은 **시골**이니   ☞

* 벼(禾)가 **햇빛(日)**에 여물어 **향기** 나니   ☞

235	虍	범(虍)을 잡으려고 **조각**(爿)과 **조각**(片)으로 만든 **하나**(一)의 울타리를 비우니					
虛	6획	虍(범 호) 爿(조각 장) 片(조각 편) 一(한 일)					
빌 헛될	어	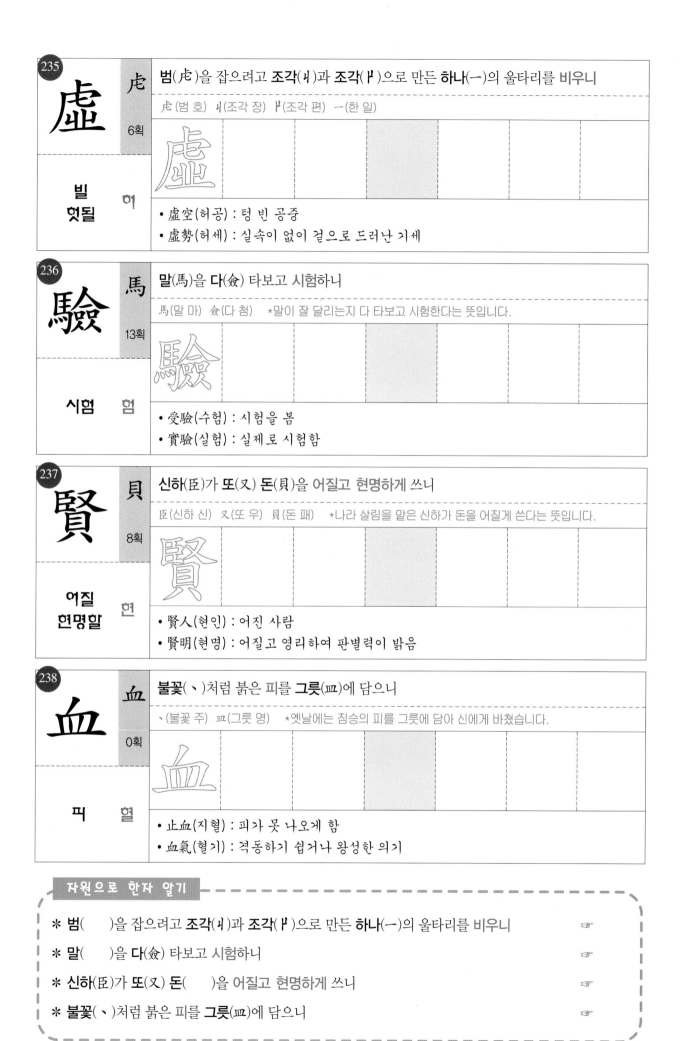					
		• 虛空(허공) : 텅 빈 공중 • 虛勢(허세) : 실속이 없이 겉으로 드러난 기세					

236	馬	**말**(馬)을 **다**(僉) 타보고 시험하니					
驗	13획	馬(말 마) 僉(다 첨) *말이 잘 달리는지 다 타보고 시험한다는 뜻입니다.					
시험	험						
		• 受驗(수험) : 시험을 봄 • 實驗(실험) : 실제로 시험함					

237	貝	**신하**(臣)가 **또**(又) **돈**(貝)을 어질고 현명하게 쓰니					
賢	8획	臣(신하 신) 又(또 우) 貝(돈 패) *나라 살림을 맡은 신하가 돈을 어질게 쓴다는 뜻입니다.					
어질 현명할	현						
		• 賢人(현인) : 어진 사람 • 賢明(현명) : 어질고 영리하여 판별력이 밝음					

238	血	**불꽃**(丶)처럼 붉은 피를 **그릇**(皿)에 담으니					
血	0획	丶(불꽃 주) 皿(그릇 명) *옛날에는 짐승의 피를 그릇에 담아 신에게 바쳤습니다.					
피	혈						
		• 止血(지혈) : 피가 못 나오게 함 • 血氣(혈기) : 격동하기 쉽거나 왕성한 의기					

자원으로 한자 알기

* 범(   )을 잡으려고 **조각**(爿)과 **조각**(片)으로 만든 **하나**(一)의 울타리를 비우니   ☞

* 말(   )을 **다**(僉) 타보고 시험하니   ☞

* 신하(臣)가 **또**(又) 돈(   )을 어질고 현명하게 쓰니   ☞

* 불꽃(丶)처럼 붉은 피를 **그릇**(皿)에 담으니   ☞

239 協 6획 도울 화할	十 협	열(十) 명이 힘(力)을 합하여 도우니

		十(열 십) 力(힘 력)

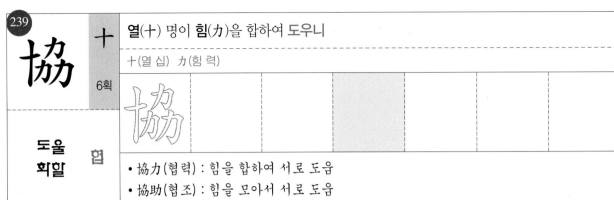

- 協力(협력) : 힘을 합하여 서로 도움
- 協助(협조) : 힘을 모아서 서로 도움

240 惠 8획 은혜	心 혜	수레(叀)에 태워 준 사람을 마음(心)으로 은혜롭게 여기니

		叀(수레 거) 心(마음 심)　*수레에 태워 고생이나 위기를 모면해주니 은혜롭다는 뜻입니다.

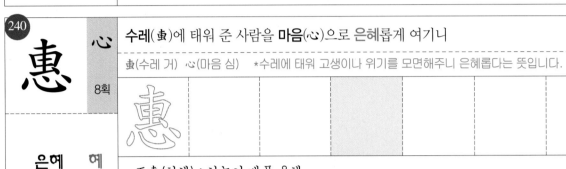

- 天惠(천혜) : 하늘이 베푼 은혜
- 恩惠(은혜) : 고맙게 베풀어 주는 신세나 혜택

자원으로 한자 알기

＊ 열(　　) 명이 힘(力)을 합하여 도우니　　　　　　　　　　　　☞

＊ 수레(叀)에 태워 준 사람을 마음(　　)으로 은혜롭게 여기니　　☞

一思多得

木	+		=	檢(검사할 검)	나무(木)를 다(僉) 검사하니
馬	+	僉	=	驗(시험 험)	말(馬)을 다(僉) 타보고 시험하니

相	+		=	想(생각 상)	서로(相) 마음(心)으로 생각하니
士	+		=	志(뜻 지)	선비(士)처럼 마음(心)에 품은 뜻
中	+	心	=	忠(충성 충)	가운데(中) 마음(心) 속에서 우러나오는 충성
能	+		=	態(모습 태)	능히(能) 할 수 있다는 마음(心)이 겉으로 드러난 모습
叀	+		=	惠(은혜 혜)	수레(叀)에 태워 준 사람을 마음(心)으로 은혜롭게 여기니

다음 한자를 나누고 **자원**을 쓰면서 익히세요.

港 = [ ] + [ ]
항구 항

解 = [ ] + [ ] + [ ]
풀 해

鄕 = [ ] + [ ] + [ ] + [ ]
시골 향

香 = [ ] + [ ]
향기 향

虛 = [ ] + [ ] + [ ] + [ ]
빌 허

驗 = [ ] + [ ]
시험 험

賢 = [ ] + [ ] + [ ]
어질 현

血 = [ ] + [ ]
피 혈

協 = [ ] + [ ]
도울 협

惠 = [ ] + [ ]
은혜 혜

185

港 口	和 解	解 決	京 鄕
故 鄕	香 水	香 料	虛 空
虛 勢	受 驗	實 驗	賢 人
賢 明	止 血	血 氣	協 力
協 助	天 惠	恩 惠	

 다음 한자어를 **한자**로 쓰세요.

항구 항	어귀 구	화할 화	풀 해	서울 경	시골 향	향기 향	물 수
빌 허	하늘 공	받을 수	시험 험	어질 현	사람 인	그칠 지	피 혈
도울 협	힘 력	하늘 천	은혜 혜	풀 해	정할 결	연고 고	시골 향
향기 향	재료 료	헛될 허	기세 세	실제 실	시험 험	현명할 현	똑똑할 명
피 혈	기운 기	도울 협	도울 조	은혜 은	은혜 혜		

예문으로 **한자어** 익히기(한자로 쓰인 단어의 뜻을 써보세요.)

1. 배가 **港口**를 떠나다.

2. **和解**를 청하다.

3. 친구 간에 생긴 문제의 **解決**은 당사자가 직접 해야 한다.

4. **京鄕**에 널리 이름을 떨치다.

5. 이번 설날에도 **故鄕**을 찾아가는 사람들로 고속도로는 극심한 정체를 빚었다.

6. **香水** 냄새가 진하게 풍기다.

7. **香料**는 흔히 식품이나 화장품 따위에 넣어 향기를 내게 한다.

8. 멍하니 **虛空**만 바라보다.

9. **虛勢**를 부리다.

10. 부정행위를 하다가 적발되면 그 이후의 모든 과목을 **受驗**할 수 없다.

11. 화학 **實驗**을 하였다.

12. **賢人**은 복을 내리고 악인은 재앙을 만난다.

13. 시간이 걸리더라도 완전한 기회를 기다리는 쪽이 **賢明**하다.

14. **止血**을 위해 상처 부위를 붕대로 묶었다.

15. **血氣**가 왕성하다.

16. 두 정상은 양국 간 경제 교류 **協力** 방안을 모색했다.

17. **協助**를 요청하다.

18. **天惠**의 관광 자원을 가지고 있다.

19. 어머니의 **恩惠**는 하늘보다도 넓고 바다보다도 깊다.

241 呼	口 5획	입(口)으로 호(乎)하고 숨을 내쉬듯 부르니					
		口(입 구) ノ(끈 별) ㆍㆍ(여덟 팔) 一(한 일) Ｊ(갈고리 궐)					
		呼					
숨 내쉴 부를	호	*乎(어조사 호) : 끈(ノ) 여덟(ㆍㆍ) 개와 하나(一)의 갈고리(Ｊ)를 들고 감탄하는 어조사 · 呼名(호명) : 이름을 부름					

242 好	女 3획	여자(女)가 아들(子)을 안고 좋아하니					
		女(계집 녀) 子(아들 자)					
		好					
좋을	호	· 好感(호감) : 좋은 감정 · 友好(우호) : 서로 친함					

243 戶	戶 0획	문짝이 한 개인 문의 모양					
		마법 술술한자 부수 61번 참고					
		戶					
문 집	호	· 戶主(호주) : 한 집안의 주장이 되는 사람 · 戶口(호구) : 호적상 집의 수효와 식구 수					

244 護	言 14획	말(言)하여 풀(艹) 속의 새(隹)들도 또(又)한 보호하여 지키니					
		言(말씀 언) 艹(풀 초) 隹(새 추) 又(또 우)					
		護					
보호할 지킬	호	· 保護(보호) : 잘 보살피고 지킴 · 護衛(호위) : 따라다니며 곁에서 보호하고 지킴					

자원으로 한자 알기

* 입(   )으로 호(乎)하고 숨을 내쉬듯 부르니   ☞

* 여자(   )가 아들(子)을 안고 좋아하니   ☞

* 문짝이 한 개인 문의 모양   ☞

* 말(   )하여 풀(艹) 속의 새(隹)들도 또(又)한 보호하여 지키니   ☞

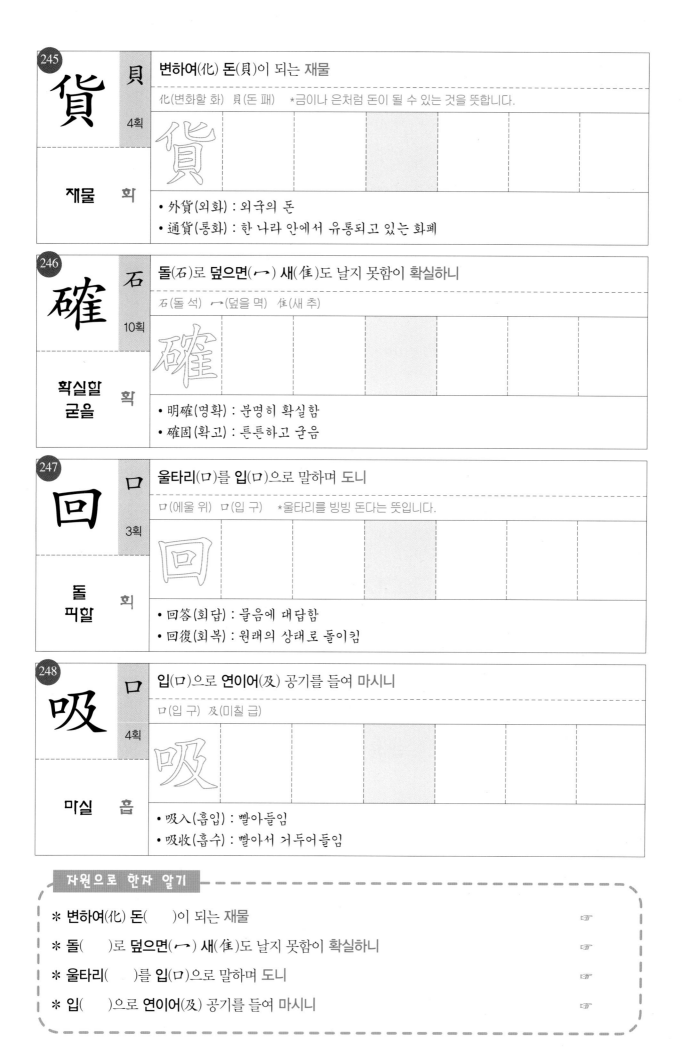

245 貨 재물 화	貝 4획	**변하여(化) 돈(貝)이 되는 재물** 化(변화할 화) 貝(돈 패) *금이나 은처럼 돈이 될 수 있는 것을 뜻합니다.						
		貨						
		• 外貨(외화) : 외국의 돈 • 通貨(통화) : 한 나라 안에서 유통되고 있는 화폐						

246 確 확실할 굳을 확	石 10획	**돌(石)로 덮으면(冖) 새(隹)도 날지 못함이 확실하니** 石(돌 석) 冖(덮을 멱) 隹(새 추)						
		確						
		• 明確(명확) : 분명히 확실함 • 確固(확고) : 튼튼하고 굳음						

247 回 돌 피할 회	口 3획	**울타리(口)를 입(口)으로 말하며 도니** 口(에울 위) 口(입 구) *울타리를 빙빙 돈다는 뜻입니다.						
		回						
		• 回答(회답) : 물음에 대답함 • 回復(회복) : 원래의 상태로 돌이킴						

248 吸 마실 흡	口 4획	**입(口)으로 연이어(及) 공기를 들여 마시니** 口(입 구) 及(미칠 급)						
		吸						
		• 吸入(흡입) : 빨아들임 • 吸收(흡수) : 빨아서 거두어들임						

자원으로 한자 알기

✻ **변하여(化) 돈(   )이 되는 재물**

✻ **돌(   )로 덮으면(冖) 새(隹)도 날지 못함이 확실하니**

✻ **울타리(   )를 입(口)으로 말하며 도니**

✻ **입(   )으로 연이어(及) 공기를 들여 마시니**

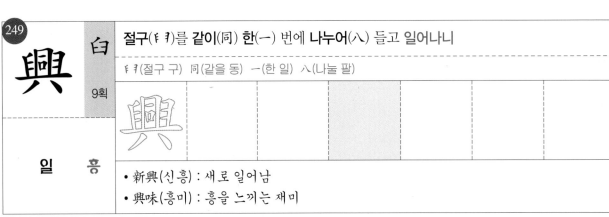

249 興 9획 일 흥	臼	절구(𦥑)를 같이(同) 한(一) 번에 나누어(八) 들고 일어나니
		𦥑(절구 구) 同(같을 동) 一(한 일) 八(나눌 팔)
		• 新興(신흥) : 새로 일어남 • 興味(흥미) : 흥을 느끼는 재미

250 希 4획 바랄 희	巾	찢어진(乂) 베(布)를 버리고 새것을 바라니
		乂(안 좋다는 뜻) 布(베 포)
		• 希求(희구) : 바라고 구함 • 希望(희망) : 앞일에 대하여 기대를 가지고 바람

자원으로 한자 알기

* 절구(   )를 같이(同) 한(一) 번에 나누어(八) 들고 일어나니   ☞

* 찢어진(乂) 베(布)를 버리고 새것을 바라니   ☞

一思多得

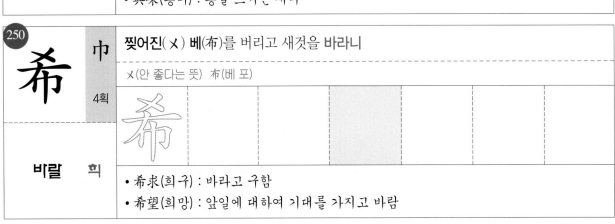

口	+	乎	=	呼(부를 호)	입(口)으로 호(乎)하고 숨을 내쉬듯 부르니
	+	及	=	吸(마실 흡)	입(口)으로 연이어(及) 공기를 들여 마시니

分	+		=	貧(가난할 빈)	나누어(分) 돈(貝)을 가져 가난하니
口	+	貝	=	員(관원 원)	입(口)으로 돈(貝)을 세어 주는 관원
臣 又	+		=	賢(어질 현)	신하(臣)가 또(又) 돈(貝)을 어질고 현명하게 쓰니
化	+		=	貨(재물 화)	변하여(化) 돈(貝)이 되는 재물

다음 한자를 나누고 **자원**을 쓰면서 익히세요.

呼 부를 호	=		+	

好 좋을 호	=		+	

戶 문 호	=

護 보호할 호	=		+		+		+	

貨 재물 화	=		+	

確 확실할 확	=		+		+	

回 돌 회	=		+	

吸 마실 흡	=		+	

興 일 흥	=		+		+		+	

希 바랄 희	=		+	

다음 한자어의 **독음**을 쓰세요.

呼	名	好	感	友	好	戸	主
戸	口	保	護	護	衛	外	貨
通	貨	明	確	確	固	回	答
回	復	吸	入	吸	收	新	興
興	味	希	求	希	望		

다음 한자어를 **한자**로 쓰세요.

부를 호	이름 명	좋을 호	느낄 감	집 호	주인 주	지킬 보	보호할 호
외국 외	재물 화	확실할 명	확실할 확	돌아올 회	대답할 답	마실 흡	들 입
새 신	일 흥	바랄 희	구할 구	우애 우	좋을 호	집 호	식구 구
보호할 호	지킬 위	통할 통	재물 화	굳을 확	굳을 고	돌 회	회복할 복
마실 흡	거둘 수	일 흥	맛 미	바랄 희	바랄 망		

① **呼名**을 하면 크게 대답하세요.

② 조금만 이야기를 나눠 보면 누구나 그녀에게 **好感**을 가질 것이다.

③ 다른 나라들과 **友好**를 맺다.

④ 그는 결혼하여 **戶主**가 되었다.

⑤ 정기적으로 **戶口**조사를 실시한다.

⑥ 중소기업의 **保護**가 시급하다.

⑦ **護衛** 차량이 뒤따르다.

⑧ **外貨**가 부족하다.

⑨ 예금 **通貨** 따위가 있다.

⑩ 큰형의 말은 간단하고 조리가 있으며 늘 **明確**하였다.

⑪ 의지가 **確固**하다.

⑫ 날마다 시시각각으로 고대하여도 **回答**을 주지 않으시니 매우 궁금합니다.

⑬ 한번 무너진 신뢰는 **回復**하기 어렵다.

⑭ 실린더에 공기가 **吸入**되다.

⑮ 우리 회사 농구 팀이 해체되어 다른 회사 팀에 **吸收**되었다.

⑯ **新興** 세력으로 성장하였다.

⑰ **興味**를 불러일으키다

⑱ 진실한 사랑을 **希求**하다.

⑲ 젊은이들에게 **希望**과 용기를 불어넣다.

193

201. **집(   )**에서 **제사(祭)**를 지내려고 살피니

202. **창고(舍)**에서 **칼(   )**을 꺼내어 싸움을 시작하니

203. **범(   )**처럼 **천천히 걸어(夊)**가 **책상(几)**이 있는 곳에서 무섭게 일을 처리하니

204. **말(   )**하여 **젊은이(靑)**가 청하니

205. **실(   )**과 **끈(丿)**으로 **에워싸듯(冂) 서서히(夊) 마음(心)**을 다 모으니

206. **쇠(   )**로 만들어 탄약을 **채워(充)** 쏘는 총

207. **풀(   )**을 **검은(玄) 밭(田)**에서 기르는 짐승에게 먹이려고 모으니

208. **대(   )**로 **장인(工)**이 **무릇(凡) 나무(木)**처럼 쌓아 집을 지으니

209. **가운데(中) 마음(   )**속에서 우러나오는 충성

210. **벌레(   )**가 모여 있는 모양

211. 적을 죽인 표시로 **귀(耳)**를 잘라 **또(   )** 취하여 가지니

212. **물(   )**의 양을 **법칙(則)**에 따라 헤아리니

213. **그물(   )**을 **곧게(直)** 펴 두니

214. **물(   )**을 **사사로이(厶) 입(口)**으로 마실 수 있도록 다스리니

215. **그쳐(止)** 있는 **윗니(ㅅㅅ)**와 **혀(一) 아랫니(ㅅㅅ)**가 **입(凵)** 안에 나 있는 이의 모양

216. **사람(   )**이 **손(크)**으로 복면을 **덮어(冖)** 쓰고 **또(又)** 침노하니

217. **마음(   )**을 터놓고 **(夬)** 이야기하면 속이 시원하니

218. **능히(能)** 할 수 있다는 **마음(   )**이 겉으로 드러난 모습

219. **실(   )**로 묶어서 **가득(充)** 합쳐 거느리니

220. 일을 **그치고(艮)** 뛰어**(   )** 물러나니

221. **물(   )**의 **가죽(皮)**에서 이는 물결

222. **돌(   )**의 **가죽(皮)**은 단단하여 깨지니

223. 허물에 **싸여(   )** 있는 **뱀(巳)**처럼 구불구불 싸니

224. **돌(   )**을 **싸(包)** 대포처럼 쏘니

225. **손(扌)**으로 **수건(   )**을 펴니

226. 해(   ) 아래 함께(共) 모여 흐르는 물(氺)이 사납고 세차니 ☞

227. 덮어도(覀) 잘 보이도록(   ) 표를 달아 표시하니 ☞

228. 굽을(曲) 정도로 제기(   )에 음식을 담아 풍성하니 ☞

229. 언덕(   )이 그쳐(艮) 길을 막아 갈 길이 한정되니 ☞

230. 배(   )에 높게(亢) 돛을 달고 바다를 건너니 ☞

231. 물(   )에 접하고 있는 거리(巷)는 항구이니 ☞

232. 뿔(   )부터 칼(刀)로 소(牛)를 갈라 해부하여 푸니 ☞

233. 키는 작고(彡) 머리는 희고(白) 허리는 구부러진(匕) 사람이 많은 고을(   )은 시골이니 ☞

234. 벼(禾)가 햇빛(日)에 여물어 향기 나니 ☞

235. 범(   )을 잡으려고 조각(爿)과 조각(片)으로 만든 하나(一)의 울타리를 비우니 ☞

236. 말(   )을 다(僉) 타보고 시험하니 ☞

237. 신하(臣)가 또(又) 돈(   )을 어질고 현명하게 쓰니 ☞

238. 불꽃(丶)처럼 붉은 피를 그릇(皿)에 담으니 ☞

239. 열(   ) 명이 힘(力)을 합하여 도우니 ☞

240. 수레(車)에 태워 준 사람을 마음(   )으로 은혜롭게 여기니 ☞

241. 입(   )으로 호(乎)하고 숨을 내쉬듯 부르니 ☞

242. 여자(   )가 아들(子)을 안고 좋아하니 ☞

243. 문짝이 한 개인 문의 모양 ☞

244. 말(   )하여 풀(艹) 속의 새(隹)들도 또(又)한 보호하여 지키니 ☞

245. 변하여(化) 돈(   )이 되는 재물 ☞

246. 돌(   )로 덮으면(冖) 새(隹)도 날지 못함이 확실하니 ☞

247. 울타리(   )를 입(口)으로 말하며 도니 ☞

248. 입(   )으로 연이어(及) 공기를 들여 마시니 ☞

249. 절구(   )를 같이(同) 한(一) 번에 나누어(八) 들고 일어나니 ☞

250. 찢어진(乂) 베(布)를 버리고 새것을 바라니 ☞

다음 한자의 뜻과 음을 쓰세요.

察	創	處	請	總	銃	蓄
築	忠	蟲	取	測	置	治
齒	侵	快		態	統	退
波	破				包	砲
布						暴

4Ⅱ 201-250번 형성평가

票	豊				限	航
港	解	鄕		香	虛	驗
賢	血	協	惠	呼	好	戶
護	貨	確	回	吸	興	希

다음 뜻과 음을 지닌 **한자**를 쓰세요.

살필 찰	시작할 창	곳 처	청할 청	다 총	총 총	모을 축
쌓을 축	충성 충	벌레 충	가질 취	헤아릴 측	둘 치	다스릴 치
이 치	침노할 침	시원할 쾌		모습 태	합칠 통	물러날 퇴
물결 파	깨뜨릴 파				쌀 포	대포 포
펼 포						사나울 폭
표 표	풍성할 풍				한정 한	건널 항
항구 항	풀 해	시골 향		향기 향	빌 허	시험 험
어질 현	피 혈	도울 협	은혜 혜	부를 호	좋을 호	집 호
보호할 호	재물 화	확실할 확	돌 회	마실 흡	일 흥	바랄 희

4Ⅱ 201-250번
형성평가

197

종합평가

街 假 減 監 康 講 個

檢 缺 潔 警 境 經 慶

係 故 官 究 句 求

宮 權 極 禁

器 起

4Ⅱ 1-50번
형성평가

暖 難 努 怒

單 檀 端 斷 達 擔

黨 帶 隊 導 毒 督 銅

斗 豆 得 燈 羅 兩 麗

다음 뜻과 음을 지닌 **한자**를 쓰세요.

거리 가	거짓 가	덜 감	볼 감	편안할 강	강론할 강	낱 개
검사할 검	이지러질 결	깨끗할 결	깨우칠 경	지경 경	글 경	경사 경
맬 계	연고 고	벼슬 관		연구할 구	글귀 구	구할 구
궁궐 궁	권세 권				끝 극	금할 금
그릇 기			4Ⅱ 1-50번 형성평가			일어날 기
따뜻할 난	어려울 난				힘쓸 노	성낼 노
홑 단	박달나무 단	끝 단		끊을 단	이를 달	멜 담
무리 당	띠 대	무리 대	인도할 도	독할 독	감독할 독	구리 동
말 두	콩 두	얻을 득	등 등	벌릴 라	두 량	고울 려

201

다음 한자의 뜻과 음을 쓰세요.

連	列	錄	論	留	律	滿
脈	毛	牧	務	武	未	味
密	博	防		訪	房	拜
背	配				伐	罰
壁						邊

4Ⅱ 51-100번
형성평가

保	報				寶	步
復	府	副		富	婦	佛
備	非	悲	飛	貧	寺	謝
師	舍	殺	常	床	想	狀

다음 뜻과 음을 지닌 **한자**를 쓰세요.

이을 련	벌릴 렬	기록할 록	논할 론	머무를 류	법칙 률	찰 만

혈관 맥	털 모	기를 목	힘쓸 무	군사 무	아닐 미	맛 미

빽빽할 밀	넓을 박	막을 방		찾을 방	방 방	절 배

등 배	나눌 배				칠 벌	벌할 벌

4Ⅱ 51-100번
형성평가

벽 벽						가 변

지킬 보	알릴 보				보배 보	걸음 보

다시 부	관청 부	버금 부		부자 부	아내 부	부처 불

갖출 비	아닐 비	슬플 비	날 비	가난할 빈	절 사	사례할 사

스승 사	집 사	죽일 살	항상 상	평상 상	생각 상	형상 상

다음 한자의 뜻과 음을 쓰세요.

設	誠	城	盛	星	聖	聲
勢	稅	細	掃	笑	素	俗
續	送	修		守	受	授
收	純				承	施
是						視

4Ⅱ 101-150번 형성평가

試	詩				息	申
深	眼	暗		壓	液	羊
餘	如	逆	研	演	煙	榮
藝	誤	玉	往	謠	容	員

다음 뜻과 음을 지닌 **한자**를 쓰세요.

베풀 설	정성 성	성 성	성할 성	별 성	성인 성	소리 성
형세 세	세금 세	가늘 세	쓸 소	웃음 소	본디 소	풍속 속
이을 속	보낼 송	닦을 수		지킬 수	받을 수	줄 수
거둘 수	순수할 순				이을 승	베풀 시
옳을 시						살필 시
시험 시	시 시				쉴 식	펼 신
깊을 심	눈 안	어두울 암		누를 압	즙 액	양 양
남을 여	같을 여	거스를 역	갈 연	펼 연	연기 연	영화 영
재주 예	그르칠 오	구슬 옥	갈 왕	노래 요	얼굴 용	관원 원

4Ⅱ 101-150번
형성평가

205

圓　衛　爲　肉　恩　陰　應

義　議　移　益　認　印　引

將　障　低　　　敵　田　絶

接　程　　　　　　　政　精

制　　　4Ⅱ 151-200번　　　製
　　　　형성평가

濟　提　　　　　　　祭　際

除　助　早　　　造　鳥　尊

宗　走　竹　準　衆　增　指

志　支　至　職　進　眞　次

다음 뜻과 음을 지닌 **한자**를 쓰세요.

둥글 원	지킬 위	할 위	고기 육	은혜 은	그늘 음	응할 응
옳을 의	의논할 의	옮길 이	더할 익	알 인	도장 인	끌 인
장수 장	막을 장	낮을 저		대적할 적	밭 전	끊을 절
이을 접	한도 정				정사 정	깨끗할 정
절제할 제						지을 제
건널 제	드러낼 제				제사 제	사귈 제
덜 제	도울 조	이를 조		지을 조	새 조	높을 존
마루 종	달릴 주	대 죽	평평할 준	무리 중	더할 증	가리킬 지
뜻 지	가를 지	이를 지	직분 직	나아갈 진	참 진	다음 차

4Ⅱ 151-200번
형성평가

察 創 處 請 總 銃 蓄

築 忠 蟲 取 測 置 治

齒 侵 快 態 統 退

波 破 包 砲

布 暴

4Ⅱ 201-250번
형성평가

票 豊 限 航

港 解 鄕 香 虛 驗

賢 血 協 惠 呼 好 戶

護 貨 確 回 吸 興 希

다음 뜻과 음을 지닌 **한자**를 쓰세요.

살필 찰	시작할 창	곳 처	청할 청	다 총	총 총	모을 축
쌓을 축	충성 충	벌레 충	가질 취	헤아릴 측	둘 치	다스릴 치
이 치	침노할 침	시원할 쾌		모습 태	합칠 통	물러날 퇴
물결 파	깨뜨릴 파				쌀 포	대포 포
펼 포						사나울 폭
표 표	풍성할 풍				한정 한	건널 항
항구 항	풀 해	시골 향		향기 향	빌 허	시험 험
어질 현	피 혈	도울 협	은혜 혜	부를 호	좋을 호	집 호
보호할 호	재물 화	확실할 확	돌 회	마실 흡	일 흥	바랄 희

4Ⅱ 201-250번
형성평가

209

學而時習 -배우고 익히기

1. 다음 한자어의 독음을 쓰세요.

商街 _____   健康 _____   講堂 _____

暖流 _____   發達 _____   監督 _____

利得 _____   保溫 _____   復活 _____

夫婦 _____   師弟 _____   常識 _____

賞狀 _____   設計 _____   城壁 _____

勢力 _____   課稅 _____   淸掃 _____

俗談 _____   連續 _____   授業 _____

傳承 _____   童詩 _____   眼球 _____

共榮 _____   往來 _____   滿員 _____

防衛 _____   恩人 _____   議決 _____

2. 다음 한자어의 뜻을 쓰세요.

移植 _____   名將 _____   低價 _____

精讀 _____   提示 _____   助言 _____

觀衆 _____　進路 _____　次女 _____

3. 다음 한자어를 한자로 쓰세요.

총력(모든 힘) ➡

축재(재물을 모음) ➡

측정(헤아려서 정함) ➡

통합(모두 합쳐서 하나로 모음) ➡

파격(격식을 깨뜨림) ➡

풍부(넉넉하고 많음) ➡

항해(바다를 건넘) ➡

현인(어진 사람) ➡

흡입(빨아들임) ➡

▲ 해답
1. 상가, 건강, 강당, 난류, 발달, 감독, 이득, 보온, 부활, 부부, 사제, 상식, 상장, 설계, 성벽, 세력, 과세, 청소, 속담, 연속, 수업, 전승, 동시, 안구, 공영, 왕래, 만원, 방위, 은인, 의결
2. 옮겨 심음, 이름난 장수, 싼값, 자세하게 읽음, 드러내 보임, 도와주는 말, 보러온 무리, 나아갈 길, 둘째 딸
3. 總力, 蓄財, 測定, 統合, 破格, 豊富, 航海, 賢人, 吸入

논술 –교과서 주요 한자어 익히기

假面 ( ) : 탈		가면
假想 ( ) : 사실 여부가 분명하지 않은 것을 사실이라고 가정하여 생각함		가상
街說 ( ) : 거리에 떠도는 말		가설
假聲 ( ) : 거짓소리		가성
家勢 ( ) : 집안 형세		가세
加護 ( ) : 보호하여 줌		가호
減退 ( ) : 기운이나 세력 따위가 줄어 쇠퇴함		감퇴
強壓 ( ) : 강제로 억누름		강압
開票 ( ) : 투표함을 열고 투표의 결과를 검사함		개표
決斷 ( ) : 결정적인 판단을 하거나 단정을 내림		결단
輕視 ( ) : 가볍게 봄		경시
警護 ( ) : 경계하고 보호함		경호
公務 ( ) : 여러 사람에 관련된 일		공무
官服 ( ) : 벼슬아치가 입던 정복		관복
教員 ( ) : 학생을 가르치는 사람		교원
口味 ( ) : 입맛		구미
金銅 ( ) : 금으로 도금하거나 금박을 입힌 구리		금동
金貨 ( ) : 금으로 만든 돈		금화
老將 ( ) : 늙은 장수		노장
論題 ( ) : 논설이나 논문, 토론 따위의 주제나 제목		논제
斷念 ( ) : 생각을 끊어 버림		단념
單線 ( ) : 외줄		단선
獨房 ( ) : 혼자서 쓰는 방		독방
壁報 ( ) : 벽에 붙여 널리 알리는 글		벽보
奉送 ( ) : 귀인이나 윗사람을 전송함		봉송

分斷 ( ) : 동강이 나게 끊어 가름 분단

不純 ( ) : 순수하지 아니함 불순

史官 ( ) : 역사의 편찬을 맡아 초고를 쓰는 일을 맡아보던 벼슬 사관

先進 ( ) : 문물의 발전 단계나 진보 정도가 다른 것보다 앞섬 선진

城壁 ( ) : 성의 벽 성벽

送年 ( ) : 한 해를 보냄 송년

水宮 ( ) : 물속에 있다고 하는 상상의 궁전 수궁

水深 ( ) : 물의 깊이 수심

水壓 ( ) : 물의 압력 수압

純種 ( ) : 순수한 종 순종

實狀 ( ) : 실제의 상태나 내용 실상

實勢 ( ) : 실제의 세력이나 기운 실세

心志 ( ) : 마음에 품은 의지 심지

餘念 ( ) : 다른 생각 여념

力走 ( ) : 힘껏 달림 역주

連休 ( ) : 휴일이 이틀 이상 계속되는 일 연휴

原狀 ( ) : 본디의 형편이나 상태 원상

圓形 ( ) : 둥근 모양 원형

自認 ( ) : 스스로 인정함 자인

自退 ( ) : 스스로 물러남 자퇴

再起 ( ) : 다시 일어섬 재기

敵地 ( ) : 적이 점령하거나 차지하고 있는 땅 적지

戰勢 ( ) : 전쟁의 형세 전세

定處 ( ) : 정한 곳 정처

重視 ( ) : 중대하게 봄 중시

直進 (　　　　) :　곧게 나아감

眞談 (　　　　) :　참된 이야기

眞心 (　　　　) :　참된 마음

天罰 (　　　　) :　하늘이 내리는 형벌

鐵器 (　　　　) :　쇠로 만든 그릇

退場 (　　　　) :　어떤 장소에서 물러남

確認 (　　　　) :　확실히 인정함

직진

진담

진심

천벌

철기

퇴장

확인

부록

반대자 –뜻이 반대되는 한자

加(더할 가) 益(더할 익) 增(더할 증)	↔	減(덜 감) 省(덜 생) 殺(감할 쇄) 除(덜 제)
各(각각 각) 班(나눌 반) 配(나눌 배) 別(나눌 별) 分(나눌 분)	↔	合(합할 합)
去(갈 거) 往(갈 왕)	↔	來(올 래)
京(서울 경)	↔	鄕(시골 향)
高(높을 고) 尊(높을 존) 卓(높을 탁)	↔	低(낮을 저)
攻(칠 공) 伐(칠 벌) 打(칠 타)	↔	防(막을 방) 守(지킬 수)
給(줄 급) 授(줄 수)	↔	受(받을 수)

暖(따뜻할 난) 熱(더울 열) 溫(따뜻할 온)	↔	冷(찰 랭) 寒(찰 한)
獨(홀로 독)	↔	黨(무리 당) 隊(무리 대) 等(무리 등) 類(무리 류) 衆(무리 중)
得(얻을 득)	↔	失(잃을 실)
朗(밝을 랑) 明(밝을 명)	↔	暗(어두울 암)
連(이을 련) 續(이을 속) 承(이을 승) 接(이을 접)	↔	斷(끊을 단) 切(끊을 절) 絶(끊을 절)
滿(찰 만)	↔	空(빌 공) 虛(빌 허)
文(글월 문)	↔	武(군사 무)
方(모 방)	↔	圓(둥글 원)
夫(지아비 부)	↔	婦(아내 부)

貧 (가난할 빈)	↔	富 (부자 부)
師 (스승 사)	↔	弟 (제자 제)
死 (죽을 사) 殺 (죽일 살)	↔	生 (살 생) 活 (살 활)
賞 (상줄 상)	↔	罰 (벌할 벌)
順 (순할 순)	↔	逆 (거스를 역)
是 (옳을 시)	↔	非 (아닐 비)
始 (처음 시) 初 (처음 초)	↔	端 (끝 단) 末 (끝 말) 終 (끝 종)
如 (같을 여)	↔	別 (다를 별) 他 (다를 타)
陰 (그늘 음)	↔	陽 (볕 양)
將 (장수 장)	↔	兵 (군사 병) 士 (군사 사) 卒 (군사 졸)

正 (바를 정)	↔	誤 (그르칠 오)
進 (나아갈 진)	↔	退 (물러날 퇴)
眞 (참 진)	↔	假 (거짓 가)
總 (다 총)	↔	個 (낱 개)
豊 (풍년 풍)	↔	凶 (흉년 흉)
解 (풀 해)	↔	結 (맺을 결) 束 (묶을 속) 約 (맺을 약)
虛 (헛될 허)	↔	實 (참될 실)
協 (화할 협) 和 (화할 화)	↔	競 (다툴 경) 爭 (다툴 쟁) 戰 (싸움 전)
呼 (숨 내쉴 호)	↔	吸 (숨 들이쉴 흡)
黑 (검을 흑)	↔	白 (흰 백) 素 (흴 소)
興 (흥할 흥)	↔	亡 (망할 망)

217

반대어 -뜻이 반대되는 한자어

加重(가중)	↔	輕減(경감)	
個別(개별)	↔	全體(전체)	
缺席(결석)	↔	出席(출석)	
故意(고의)	↔	過失(과실)	
過去(과거)	↔	未來(미래)	
光明(광명)	↔	暗黑(암흑)	
禁煙(금연)	↔	吸煙(흡연)	
禁止(금지)	↔	許可(허가)	
樂觀(낙관)	↔	悲觀(비관)	
暖流(난류)	↔	寒流(한류)	
南極(남극)	↔	北極(북극)	
內容(내용)	↔	形式(형식)	
能動(능동)	↔	受動(수동)	
當番(당번)	↔	非番(비번)	
登場(등장)	↔	退場(퇴장)	
未備(미비)	↔	完備(완비)	
未定(미정)	↔	確定(확정)	
背恩(배은)	↔	報恩(보은)	
本業(본업)	↔	副業(부업)	
富者(부자)	↔	貧者(빈자)	

賞金(상금)	↔	罰金(벌금)	
相對(상대)	↔	絶對(절대)	
生花(생화)	↔	造花(조화)	
收入(수입)	↔	支出(지출)	
順風(순풍)	↔	逆風(역풍)	
溫暖(온난)	↔	寒冷(한랭)	
原理(원리)	↔	應用(응용)	
遠心(원심)	↔	求心(구심)	
有限(유한)	↔	無限(무한)	
陰地(음지)	↔	陽地(양지)	
義務(의무)	↔	權利(권리)	
人爲(인위)	↔	自然(자연)	
低下(저하)	↔	向上(향상)	
敵對(적대)	↔	友好(우호)	
田園(전원)	↔	都市(도시)	
正答(정답)	↔	誤答(오답)	
精神(정신)	↔	物質(물질)	
增加(증가)	↔	減少(감소)	
增進(증진)	↔	減退(감퇴)	
直接(직접)	↔	間接(간접)	

進步(진보)	↔	退步(퇴보)
總角(총각)	↔	處女(처녀)
忠臣(충신)	↔	逆臣(역신)

豊年(풍년)	↔	凶年(흉년)
夏至(하지)	↔	冬至(동지)
現實(현실)	↔	理想(이상)

유의자 -뜻이 비슷한 한자

街(거리 가)	=	道(길 도) 路(길 로) 程(길 정)
歌(노래 가)	=	謠(노래 요)
減(덜 감) 省(덜 생)	=	殺(감할 쇄) 除(덜 제)
監(볼 감)	=	見(볼 견) 觀(볼 관) 視(볼 시)
經(글 경)	=	文(글월 문) 書(글 서) 章(글 장)
境(지경 경)	=	界(지경 계) 區(지경 구)
經(지날 경)	=	過(지날 과) 歷(지날 력)
高(높을 고)	=	尊(높을 존) 卓(높을 탁)
故(예 고)	=	古(예 고) 舊(예 구)

攻(칠 공)	=	伐(칠 벌) 打(칠 타)
過(잘못 과)	=	失(잘못 실) 誤(잘못 오)
具(갖출 구)	=	備(갖출 비)
救(구원할 구)	=	濟(구제할 제)
極(끝 극)	=	端(끝 단) 末(끝 말) 終(끝 종)
記(기록할 기)	=	錄(기록할 록) 識(기록할 지)
技(재주 기)	=	術(재주 술) 藝(재주 예) 才(재주 재)
斷(끊을 단)	=	切(끊을 절) 絶(끊을 절)
單(홀 단)	=	獨(홀로 독)
擔(맡을 담)	=	任(맡을 임)
黨(무리 당)	=	隊(무리 대) 等(무리 등)

黨 (무리 당)	=	類 (무리 류)
		衆 (무리 중)
羅 (벌릴 라)	=	列 (벌릴 렬)
兩 (두 량)	=	二 (두 이)
		再 (두 재)
連 (이을 련)	=	續 (이을 속)
		承 (이을 승)
		接 (이을 접)
勞 (힘쓸 로)	=	務 (힘쓸 무)
理 (다스릴 리)	=	治 (다스릴 치)
未 (아닐 미)	=	不 (아닐 불)
		非 (아닐 비)
配 (나눌 배)	=	班 (나눌 반)
		別 (나눌 별)
		分 (나눌 분)
法 (법 법)	=	規 (법 규)
		律 (법칙 률)
		式 (법 식)
		典 (법 전)
		則 (법칙 칙)

保 (보호할 보)	=	護 (보호할 호)
報 (알릴 보)	=	告 (알릴 고)
副 (버금 부)	=	次 (버금 차)
思 (생각 사)	=	考 (생각할 고)
		念 (생각 념)
		想 (생각 상)
舍 (집 사)	=	家 (집 가)
		堂 (집 당)
		室 (집 실)
		屋 (집 옥)
		院 (집 원)
		宅 (집 택)
		戶 (집 호)
鮮 (고울 선)	=	麗 (고울 려)
省 (살필 성)	=	察 (살필 찰)
守 (지킬 수)	=	防 (막을 방)
		衛 (지킬 위)
		障 (막을 장)
施 (베풀 시)	=	設 (베풀 설)
試 (시험 시)	=	驗 (시험 험)

眼(눈 안)	=	目(눈 목)
安(편안할 안)	=	康(편안할 강)
研(연구할 연)	=	究(연구할 구)
溫(따뜻할 온)	=	暖(따뜻할 난)
恩(은혜 은)	=	惠(은혜 혜)
音(소리 음)	=	聲(소리 성)
意(뜻 의)	=	情(뜻 정) 志(뜻 지)
議(의논할 의)	=	論(의논할 론)
認(알 인)	=	識(알 식) 知(알 지)
財(재물 재)	=	貨(재물 화)
貯(쌓을 저)	=	蓄(쌓을 축) 築(쌓을 축)
停(머무를 정)	=	留(머무를 류) 止(그칠 지)

製(지을 제)	=	作(지을 작) 造(지을 조)
增(더할 증)	=	加(더할 가) 益(더할 익)
至(이를 지)	=	到(이를 도) 着(다다를 착) 致(이를 치)
測(헤아릴 측)	=	量(헤아릴 량) 料(헤아릴 료) 度(헤아릴 탁)
解(풀 해)	=	放(놓을 방)
賢(어질 현)	=	良(어질 량)
確(굳을 확)	=	固(굳을 고)
休(쉴 휴)	=	息(쉴 식)
希(바랄 희)	=	望(바랄 망) 願(원할 원)

동음이의어 –음은 같으나 뜻이 다른 한자어

가세	家勢	집안의 형세
	加勢	세력을 더함
	加稅	세금을 올림
가정	家庭	한 가족이 생활하는 집
	假定	분명하지 않은 것을 임시로 인정함
감산	減産	생산을 줄임
	減算	빼어 셈함
감수	減數	수를 줄임
	甘水	맛이 단 물
	甘受	책망이나 괴로움 따위를 달갑게 받아들임
검사	檢事	검찰권을 행사하는 사법관
	檢査	실제의 상황을 잘 살피고 조사함
결단	結團	단체를 결성함
	決斷	결정적인 판단을 하거나 단정을 내림
경로	經路	지나는 길
	敬老	노인을 공경함
고사	古事	옛일
	故事	유래가 있는 옛날의 일
	考査	자세히 생각하고 조사함
고수	固守	굳게 지킴
	高手	어떤 분야나 집단에서 기술이나 능력이 매우 뛰어난 사람
고인	古人	옛날 사람
	故人	죽은 사람

공론	公論 : 공정하게 의논함	
	空論 : 실속이 없는 빈 논의	
공인	公人 : 공적인 일에 종사하는 사람	
	公認 : 국가나 공공단체 또는 사회단체 등이 어느 행위나 물건에 대하여 인정함	
공중	空中 : 하늘	
	公衆 : 사회의 대부분의 사람들	
교감	交感 : 서로 맞대어 느낌	
	校監 : 학교장을 도와서 학교의 일을 관리하거나 수행하는 직책	
구호	救護 : 도와 보호함	
	口號 : 어떤 요구나 주장 따위를 간결한 형식으로 표현한 문구	
급보	急步 : 급하게 걸음	
	急報 : 급하게 알림	
기사	記事 : 사실을 적음	
	記寫 : 기록하여 씀	
	技師 : 특별한 기술 업무를 맡아보는 사람	
녹음	錄音 : 소리를 기록함	
	綠陰 : 푸른 잎이 우거진 나무나 수풀	
단가	單價 : 물건 한 단위의 가격	
	短歌 : 짧은 노래 또는 시조	
단선	單線 : 외줄	
	短線 : 짧은 선	
	斷線 : 줄이 끊어짐	
단신	單身 : 홀몸	

단신	短身 : 작은 키	
	短信 : 짧은 소식	
단정	斷定 : 딱 잘라서 판단하고 결정함	
	端正 : 옷차림새나 몸가짐 따위가 얌전하고 바름	
대풍	大風 : 큰 바람	
	大豊 : 큰 풍년	
동지	同志 : 뜻이 서로 같음	
	冬至 : 이십사절기의 하나로 밤이 가장 긴 날	
동향	東向 : 동쪽으로 향함	
	同鄕 : 고향이 같음	
	動向 : 개인이나 집단의 심리·행동이 움직이는 방향	
매표	賣票 : 표를 팖	
	買票 : 표를 삼	
무기	武器 : 전쟁에 사용되는 기구	
	無期 : 언제까지라고 정한 기한이 없음	
미명	未明 : 날이 채 밝지 않음	
	美名 : 그럴듯하게 내세운 명목이나 명칭	
방문	房門 : 방으로 드나드는 문	
	訪問 : 어떤 사람이나 장소를 찾아가서 만나거나 봄	
방위	防衛 : 적의 공격이나 침략을 막아서 지킴	
	方位 : 동서남북의 네 방향을 기준으로 하여 정한 방향	
보도	步道 : 걸어 다니는 길	
	報道 : 새로운 소식을 알림	

보안	保眼 : 눈을 보호함	
	保安 : 안전을 유지함	
부자	父子 : 아버지와 아들	
	富者 : 재물이 많아 살림이 넉넉한 사람	
비행	飛行 : 날아다님	
	非行 : 잘못되거나 그릇된 행위	
사고	思考 : 생각하고 궁리함	
	事故 : 뜻밖에 일어난 불행한 일	
사례	事例 : 어떤 일이 실제로 일어난 예	
	謝禮 : 언행이나 선물 따위로 상대에게 고마운 뜻을 나타냄	
사원	社員 : 회사에서 근무하는 사람	
	寺院 : 종교의 교당을 통틀어 이르는 말	
사절	士節 : 선비의 절개	
	謝絶 : 요구나 제의를 받아들이지 않고 사양하여 물리침	
	使節 : 나라를 대표하여 일정한 사명을 띠고 외국에 파견되는 사람	
상용	常用 : 일상적으로 씀	
	商用 : 상업상의 볼일	
선도	善導 : 올바르고 좋은 길로 이끎	
	先導 : 앞장서서 이끌거나 안내함	
성대	盛大 : 아주 성하고 큼	
	聲帶 : 소리를 내는 기관	
성인	成人 : 어른	
	聖人 : 지혜와 덕이 매우 뛰어나 길이 우러러 본받을 만한 사람	

성행	性行 : 성품과 행실	
	盛行 : 매우 성하게 유행함	
소재	所在 : 있는 곳	
	素材 : 바탕이 되는 재료	
속행	速行 : 빨리 행함	
	續行 : 계속하여 행함	
수도	修道 : 도를 닦음	
	首都 : 한 나라의 중앙 정부가 있는 도시	
수리	數理 : 수학의 이론이나 이치	
	修理 : 고장 나거나 허름한 데를 손보아 고침	
수상	水上 : 물의 위	
	受賞 : 상을 받음	
	首相 : 내각의 우두머리	
수신	受信 : 소식을 받음	
	修身 : 마음과 행실을 바르게 닦아 수양함	
수업	修業 : 기술이나 학업을 익히고 닦음	
	授業 : 교사가 학생에게 지식이나 기능을 가르쳐 줌	
수호	守護 : 지키고 보호함	
	修好 : 나라와 나라가 서로 사이좋게 지냄	
시가	市街 : 도시의 큰 길거리	
	市價 : 시장에서 상품이 매매되는 가격	
	詩歌 : 가사를 포함한 시문학을 통틀어 이르는 말	
시계	視界 : 눈이 보는 힘이 미치는 범위	
	時計 : 시간을 재거나 시각을 나타내는 기계	

시공	時空 : 시간과 공간	
	施工 : 공사를 시행함	
시인	是認 : 옳다고 인정함	
	詩人 : 시를 전문적으로 짓는 사람	
시정	詩情 : 시적인 정취	
	是正 : 잘못된 것을 바로잡음	
	市政 : 지방 자치 단체로서의 시의 행정	
실정	實定 : 실제로 정함	
	失政 : 정치를 잘못함	
	實情 : 실제의 사정이나 정세	
양친	養親 : 길러 준 부모	
	兩親 : 부친과 모친을 아울러 이르는 말	
역설	力說 : 자기의 뜻을 힘주어 말함	
	逆說 : 어떤 주의나 주장에 반대되는 이론이나 말	
연대	年代 : 지나간 시간을 일정한 햇수로 나눈 것	
	連帶 : 여럿이 함께 무슨 일을 하거나 함께 책임을 짐	
육성	育成 : 길러 자라게 함	
	肉聲 : 사람의 입에서 직접 나오는 소리	
의사	義士 : 지조를 지키는 사람	
	意思 : 무엇을 하고자 하는 생각	
	醫師 : 의술과 약으로 병을 치료 · 진찰하는 것을 직업으로 삼는 사람	
이해	利害 : 이익과 손해	
	理解 : 사리를 분별하여 해석함	

인가	人家 : 사람이 사는 집	
	認可 : 인정하여 허락함	
인도	引導 : 이끌어 지도함	
	人道 : 사람이 다니는 길	
인정	仁政 : 어진 정치	
	仁情 : 어진 마음씨	
	認定 : 확실히 그렇다고 여김	
	人情 : 사람이 본래 가지고 있는 감정이나 심정	
재기	才氣 : 재주가 있는 기질	
	再起 : 역량이나 능력 따위를 모아서 다시 일어섬	
재수	再修 : 한 번 배웠던 학과 과정을 다시 배움	
	財數 : 재물이 생기거나 좋은 일이 있을 운수	
저속	低速 : 느린 속도	
	低俗 : 품위가 낮고 속됨	
전승	戰勝 : 싸워 이김	
	全勝 : 한 번도 지지 아니하고 모두 이김	
	傳承 : 문화, 풍속, 제도 따위를 이어받아 계승함	
정당	正當 : 바르고 옳음	
	政黨 : 정치적 이상을 실현하기 위하여 조직한 단체	
정원	庭園 : 집 안에 있는 뜰이나 꽃밭	
	定員 : 일정한 규정에 의하여 정한 인원	
제지	製紙 : 종이를 만듦	
	制止 : 말려서 못하게 함	

조화	調和 : 서로 잘 어울림	
	造花 : 인공적으로 만든 꽃	
중세	重稅 : 무거운 세금	
	中世 : 고대에 이어 근대에 선행하는 시기	
지사	志士 : 나라와 민족을 위하여 제 몸을 바쳐 일하려는 뜻을 가진 사람	
	支社 : 본사의 관할 아래 일정한 지역에서 본사의 일을 대신 맡아 하는 곳	
지성	至誠 : 지극한 정성	
	知性 : 생각하고 판단하는 능력	
진가	眞價 : 참된 값어치	
	眞假 : 진짜와 가짜	
통상	通常 : 특별하지 아니하고 예사임	
	通商 : 나라들 사이에 서로 물품을 사고팖	
통화	通話 : 전화로 말을 주고받음	
	通貨 : 유통 수단이나 지불 수단으로서 기능하는 화폐	
풍속	風速 : 빠르기	
	風俗 : 옛날부터 그 사회에 전해 오는 생활 전반에 걸친 습관	
해독	解毒 : 몸 안에 들어간 독성 물질의 작용을 없앰	
	解讀 : 어려운 문구 따위를 읽어 이해하거나 해석함	
호구	戶口 : 호적상 집의 수효와 식구 수	
	護具 : 몸을 보호하기 위하여 착용하는 기구	
회수	回收 : 도로 거두어들임	
	回數 : 돌아오는 차례의 수효	
흡수	吸水 : 물을 빨아들임	
	吸收 : 빨아서 거두어들임	

사자성어 -네 글자로 이루어진 말

家家戶戶 (가가호호)	집집마다
角者無齒 (각자무치)	뿔이 있는 짐승은 이가 없다는 뜻으로, 한 사람이 여러 가지 재주나 복을 다 가질 수 없다는 말
江湖煙波 (강호연파)	강이나 호수 위에 안개처럼 보얗게 이는 잔물결
見利思義 (견리사의)	눈앞의 이익을 보면 의리를 먼저 생각함
結草報恩 (결초보은)	풀을 묶어서 은혜를 갚는다는 뜻으로, 죽어 혼이 되더라도 은혜를 잊지 않고 갚음
九牛一毛 (구우일모)	아홉 마리의 소 가운데 하나의 털이란 뜻으로, 매우 많은 것 가운데 극히 적은 수를 이르는 말
起死回生 (기사회생)	거의 죽을 뻔하다가 도로 살아남
難攻不落 (난공불락)	공격하기가 어려워 쉽사리 함락되지 아니함
難兄難弟 (난형난제)	누구를 형이라 하고 누구를 아우라 하기 어렵다는 뜻으로, 두 사물이 비슷하여 낫고 못함을 정하기 어려움을 이르는 말
論功行賞 (논공행상)	공적의 크고 작음 따위를 논의하여 그에 알맞은 상을 줌
多多益善 (다다익선)	많으면 많을수록 더욱 좋음
多聞博識 (다문박식)	보고 들은 것이 많고 아는 것이 많음
大義名分 (대의명분)	사람으로서 마땅히 지키고 행하여야 할 도리나 본분
得意滿面 (득의만면)	일이 뜻대로 이루어져 기쁜 표정이 얼굴에 가득함
燈下不明 (등하불명)	등잔 밑이 어둡다는 뜻으로, 가까이에 있는 물건이나 사람을 잘 찾지 못함
燈火可親 (등화가친)	등불을 가까이할 만하다는 뜻으로, 서늘한 가을밤은 등불을 가까이 하여 글 읽기에 좋음을 이르는 말

無所不爲 (무소불위)	하지 못하는 일이 없음
文房四友 (문방사우)	종이, 붓, 먹, 벼루의 네 가지 문방구
美風良俗 (미풍양속)	아름답고 좋은 풍속이나 기풍
博學多識 (박학다식)	학식이 넓고 아는 것이 많음
百害無益 (백해무익)	해롭기만 하고 하나도 이로운 바가 없음
夫婦有別 (부부유별)	남편과 아내는 분별이 있어야 한다는 뜻으로, 남편과 아내 사이의 도리는 서로 침범하지 않음에 있음을 이르는 말
非一非再 (비일비재)	같은 일이 한두 번이 아님이란 뜻으로, 한둘이 아님
死生決斷 (사생결단)	죽고 사는 것을 가리지 않고 끝장을 내려고 덤벼듦
四通五達 (사통오달)	길이 사방팔방으로 통해 있음
說往說來 (설왕설래)	서로 변론을 주고받으며 옥신각신함
歲時風俗 (세시풍속)	예로부터 해마다 관례로서 행해지는 전승적 행사
是是非非 (시시비비)	옳은 것은 옳다, 그른 것은 그르다고 한다는 뜻으로, 사리를 공정하게 판단함을 이르는 말
始終如一 (시종여일)	처음부터 끝까지 변함없이 한결같음
信賞必罰 (신상필벌)	공이 있는 자에게는 반드시 상을 주고, 죄가 있는 자에게는 반드시 벌을 준다는 뜻으로, 상과 벌을 공정하고 엄중하게 하는 일을 이르는 말
實事求是 (실사구시)	사실에 토대를 두어 진리를 탐구하는 일
安貧樂道 (안빈낙도)	가난한 생활을 하면서도 편안한 마음으로 도를 즐겨 지킴

眼下無人 (안하무인)	눈 아래에 사람이 없다는 뜻으로, 방자하고 교만하여 다른 사람을 업신여김을 이르는 말
弱肉強食 (약육강식)	약한 자는 강한 자에게 먹힌다는 뜻으로, 약한 자는 강한 자에게 끝내는 멸망됨을 이르는 말
魚東肉西 (어동육서)	제사상을 차릴 때, 생선 반찬은 동쪽에 놓고 고기반찬은 서쪽에 놓는 일
言語道斷 (언어도단)	말할 길이 끊어졌다는 뜻으로, 어이가 없어서 말하려 해도 말할 수 없음을 이르는 말
連戰連勝 (연전연승)	싸울 때마다 계속하여 이김
右往左往 (우왕좌왕)	바른쪽으로 갔다 왼쪽으로 갔다하며 종잡지 못함
牛耳讀經 (우이독경)	쇠귀에 경 읽기라는 뜻으로, 아무리 가르치고 일러 주어도 알아듣지 못함
月態花容 (월태화용)	달 같은 태도와 꽃 같은 얼굴의 뜻으로, 미인을 말함
有備無患 (유비무환)	미리 준비가 되어 있으면 걱정할 것이 없음
以熱治熱 (이열치열)	열은 열로써 다스린다는 뜻으로, 힘에는 힘으로 또는 강한 것에는 강한 것으로 상대함을 이르는 말
二律背反 (이율배반)	두 가지 규율이 서로 반대된다는 뜻으로, 서로 모순되어 양립할 수 없는 두 개의 명제를 이르는 말
因果應報 (인과응보)	원인과 결과는 서로 물고 물린다는 뜻으로, 전생에 지은 선악에 따라 현재의 행과 불행이 있다는 말
人死留名 (인사유명)	사람은 죽어서 이름을 남긴다는 뜻으로, 사람의 삶이 헛되지 아니하면 그 이름이 길이 남음을 이르는 말
人生無常 (인생무상)	인생이 덧없음
一擧兩得 (일거양득)	한 가지 일을 하여 두 가지 이익을 얻음
一脈相通 (일맥상통)	사고방식, 상태, 성질 따위가 서로 통하거나 비슷해짐

一石二鳥 (일석이조)	돌 한 개를 던져 새 두 마리를 잡는다는 뜻으로, 동시에 두 가지 이득을 봄
一言半句 (일언반구)	한 마디 말과 반 구절이라는 뜻으로, 아주 짧은 말을 이르는 말
一波萬波 (일파만파)	하나의 물결이 연쇄적으로 많은 물결을 일으킨다는 뜻으로, 한 사건이 그 사건에 그치지 아니하고 잇따라 많은 사건으로 번짐을 이르는 말
自強不息 (자강불식)	스스로 힘써 몸과 마음을 가다듬어 쉬지 아니함
自業自得 (자업자득)	자기가 저지른 일의 결과를 자기가 받음
前代未聞 (전대미문)	이제까지 들어본 적이 없는 일
種豆得豆 (종두득두)	콩을 심으면 반드시 콩이 나온다는 뜻으로, 원인에 따라 결과가 생김을 이르는 말
竹馬故友 (죽마고우)	대말을 타고 놀던 벗이라는 뜻으로, 어릴 때부터 같이 놀며 자란 벗
衆口難防 (중구난방)	여러 사람의 입을 막기가 어렵다는 뜻으로, 많은 사람들이 함부로 떠들어 대는 것은 감당하기 어려우니 행동을 조심해야 함을 이르는 말
至誠感天 (지성감천)	지극한 정성에 하늘도 감동한다는 뜻으로, 무슨 일에든 정성을 다하면 아주 어려운 일도 순조롭게 풀리어 좋은 결과를 맺는다는 말
進退兩難 (진퇴양난)	나아갈 수도 물러설 수도 없다는 뜻으로, 이러지도 저러지도 못하는 어려운 처지를 이르는 말
天人共怒 (천인공노)	하늘과 사람이 함께 노한다는 뜻으로, 누구나 분노할 만큼 증오스럽거나 도저히 용납할 수 없음을 이르는 말
寸鐵殺人 (촌철살인)	한 치의 쇠붙이로도 사람을 죽일 수 있다는 뜻으로, 간단한 말로도 남을 감동시키거나 남의 약점을 찌를 수 있음을 이르는 말
出將入相 (출장입상)	나가서는 장수가 되고 들어와서는 재상이 된다는 뜻으로, 문무를 다 갖추어 장수와 재상의 벼슬을 모두 지냄을 이르는 말
忠言逆耳 (충언역이)	바른 말은 귀에 거슬린다는 뜻으로, 바르게 타이르는 말일수록 듣기 싫어함을 이르는 말
卓上空論 (탁상공론)	탁자 위에서만 펼치는 헛된 논설이란 뜻으로, 실현성이 없는 허황된 이론

風前燈火 (풍전등화)	바람 앞의 등불이라는 뜻으로, 사물이 매우 위태로운 처지에 놓여 있음
呼兄呼弟 (호형호제)	서로 형이니 아우니 하고 부른다는 뜻으로, 매우 가까운 친구로 지냄을 이르는 말

약자 –간략하게 줄여서 쓰는 글자

기본자		약자	기본자		약자
假	⇒	仮	續	⇒	続
檢	⇒	検	收	⇒	収
缺	⇒	欠	壓	⇒	圧
經	⇒	経	餘	⇒	余
權	⇒	权	榮	⇒	栄
斷	⇒	断	藝	⇒	芸
單	⇒	単, 単	爲	⇒	為
黨	⇒	党	應	⇒	応
燈	⇒	灯	壯	⇒	壮
兩	⇒	両	將	⇒	将
麗	⇒	麗	濟	⇒	済
滿	⇒	満	增	⇒	増
脈	⇒	脉	眞	⇒	真
邊	⇒	辺, 边	處	⇒	処
寶	⇒	宝	總	⇒	総
佛	⇒	仏	解	⇒	解
師	⇒	师	虛	⇒	虚
狀	⇒	状	驗	⇒	験
聲	⇒	声	賢	⇒	賢

[서울신문 베스트 브랜드 대상] 중앙에듀북스 - 마법 술술한자

부수 새롭게 정리하고 그림 곁들여… 평가 다양하게 수록

중앙에듀북스 '마법 술술한자'

중앙에듀북스의 '마법 술술한자' 시리즈(전9권)는 한국어문회가 주관하는 한자능력검정시험(8~3급) 합격을 위한 참신하고 획기적인 한자 학습서다. 누구나 한자가 형성된 원리를 이해하며 제대로 배울 수 있도록 초등학생 수준에 맞추어 자원을 쉽게 풀이하였다.

또 학교 교과서에 자주 나오는 한자어를 선별하여 그 뜻을 한자를 통해 쉽게 알 수 있도록 직역으로 풀이하였다. 특히 한자능력검정시험 8급과 7급은 가지고 다니면서 유용하게 활용할 수 있는 한자카드도 수록하였다.

이 시리즈의 핵심은 1권인 '부수'이다. 이 책은 모양이 비슷한 부수는 통합하고, 잘 쓰이지 않는 부수는 제외하여 기존 214자를 200자로 새로 정리했으며, 그림을 곁들여 알기 쉽게 풀이했다.

2권부터 9권까지는 한자능력검정시험 8~3급으로 구성되어 있다. 한자를 나누어 형성 원리를 이해한 후 자원을 보며 한자를 쓸 수 있도록 바로 아래에 빈칸을 두었다. 또 예문을 통하여 한자어의 활용을 익힐 수 있도록 구성하였으며, 지속적인 반복과 실력을 확인할 수 있도록 형성평가, 종합평가 등 다양한 평가를 구성하였다.

중앙에듀북스 관계자는 "이 시리즈의 저자는 한학자 집안에서 태어나 어려서부터 부친께 한학을 배웠고, 가업을 잇는다는 정신으로 한문교육과를 나와 학생들을 가르치고 있다"면서 "한자 때문에 울고 있는 여학생을 보고, 한학을 배우면서 힘들었던 자신의 어린 시절이 생각나 어떻게 하면 어려운 한자를 쉽고 재미있게 가르칠 수 있을까를 연구하여 집필했기 때문에 이 시리즈가 독자들에게 뜨거운 호응을 얻고 있다"고 말했다.

－서울신문

초등학생과 중학생을 위한 초등 학습 한자 시리즈!

- 초등학교의 모든 교과서를 분석하고, 또 일상생활에서 자주 사용하는 한자어를 선별하여 초등학생이 기본적으로 꼭 알아야 할 학습 한자를 난이도에 따라 선정하였습니다.

- 6권은 중학교의 전문화된 교과서를 학습하기 위하여 필요한 한자를 선정하였습니다.

- 부수를 결합하여 한자가 만들어진 원리를 이해하며 쉽게 익힐 수 있습니다.

- 쉬운 한자풀이와 풍부한 해설 및 다양한 확인학습으로 개별 학습이 용이하여 선생님이 편합니다.

▼ 화제의 책!

박두수 지음

송진섭 · 이병호 · 강혜정 선생님 추천

한자 & 일본어 학습 & 교육 지침서

현직 선생님이 들려주는 **한자를 알면 세계가 좁다**
김미화 글 · 그림 | 올컬러 | 32,000원

중학교 900자 **漢번에 끝내字**
김미화 글 · 그림 | 올컬러 | 19,500원

고등학교 한자 900 **漢번에 끝내字**
김미화 글 · 그림 | 올컬러 | 22,000원

술술 외워지는 한자 1800
김미화 글 · 그림 | 올컬러 | 22,000원

한자 부수 제대로 알면 공부가 쉽다
김종혁 지음 | 22,000원

중학 한자 부수로 끝내기
김종혁 지음 | 15,000원

술술한자 부수 200 박두수 지음 | 12,000원

인간 유전 상식사전 100
[한국간행물윤리위원회 청소년 권장도서]
사마키 에미코 외 지음 | 홍영남 감수 | 박주영 옮김 | 18,000원

인체의 신비
안도 유키오 감수 | 안창식 편역 | 15,000원

동화로 배우는 일본어 필수한자 1006자
이노우에 노리오 글 · 그림 | 강봉수 옮김 | 올컬러 | 12,900원

동화로 신나게 배우는
일본어 新 상용한자 1130자로 N1 합격
이노우에 노리오 지음 | 강봉수 옮김 | 13,000원

회화 · 문법 · 한자 한번에 끝내는 **일본어 초급 핵심 마스터**
강봉수 지음 | 18,000원

※무료 MP3 다운로드 : www.japub.co.kr

긍정 육아
아이가 성장하는 마법의 말
도로시 로 놀테 · 레이첼 해리스 지음
김선아 옮김 | 13,800원

전 세계 37개국 출간된 세계적 베
스트셀러!

eBook 구매 가능

인체 구조 학습 도감
[다음 백과사전 선정도서]
주부의 벗사 지음 | 가키우치 요시유
키 · 박선무 감수 | 고선윤 옮김
올컬러 | 22,000원

궁금한 인체 구조를 알기 쉽게 설
명한 인체 대백과사전!

ⵡ 중앙에듀북스 Joongang Edubooks Publishing Co.
중앙경제평론사 | 중앙생활사 Joongang Economy Publishing Co./Joongang Life Publishing Co.

중앙에듀북스는 폭넓은 지식교양을 함양하고 미래를 선도한다는 신념 아래 설립된 교육 · 학습서 전문 출판사로서
우리나라와 세계를 이끌고 갈 청소년들에게 꿈과 희망을 주는 책을 발간하고 있습니다.

마법 **술술한자** ⑥ (한자능력검정시험 4II) 〈최신 개정판〉

초판 1쇄 발행 | 2014년 1월 28일
초판 2쇄 발행 | 2017년 9월 15일
개정초판 1쇄 인쇄 | 2021년 9월 10일
개정초판 1쇄 발행 | 2021년 9월 15일

지은이 | 박두수(DuSu Park)
펴낸이 | 최점옥(JeomOg Choi)
펴낸곳 | 중앙에듀북스(Joongang Edubooks Publishing Co.)

대   표 | 김용주
책 임 편 집 | 박두수
본문디자인 | 박근영

출력 | 영신사 종이 | 한솔PNS 인쇄 · 제본 | 영신사

잘못된 책은 구입한 서점에서 교환해드립니다.
가격은 표지 뒷면에 있습니다.

ISBN 978-89-94465-48-7(03700)

등록 | 2008년 10월 2일 제2-4993호
주소 | ㉾ 04590 서울시 중구 다산로20길 5(신당4동 340-128) 중앙빌딩
전화 | (02)2253-4463(代) 팩스 | (02)2253-7988
홈페이지 | www.japub.co.kr 블로그 | http://blog.naver.com/japub
페이스북 | https://www.facebook.com/japub.co.kr 이메일 | japub@naver.com
♣ 중앙에듀북스는 중앙경제평론사 · 중앙생활사와 자매회사입니다.

도서
주문 **www.japub.co.kr**
전화주문 : 02) 2253 - 4463

중앙에듀북스에서는 여러분의 소중한 원고를 기다리고 있습니다. 원고 투고는 이메일을 이용해주세요.
최선을 다해 독자들에게 사랑받는 양서로 만들어드리겠습니다. **이메일** | japub@naver.com